一点突破の方程式

小泉幸仁
Koizumi Yukihito

リンケージ・パブリッシング

はじめに

人生は精神戦です。ですから、何が起きても気持ちさえ前を向いていれば、状況がどうあれ、それは必ず乗り越える事が出来ます。気持ちが前を向けば、様々な未知の領域へと、自ら積極的に足を踏み入れる事を可能にする勇気が湧いてくるからです。

成功の扉には「違和感」という看板がかかっています。ですから、違和感に飛び込む勇気を持たなければ、常にやり慣れた事をし、会い慣れた人とだけ会い、しゃべり慣れた事だけをしゃべるという事の繰り返しになってしまいます。そこには、自分が真に求める人生はありません。

生活と人生は違います。どう違うのかと問われれば、生活は問題解決の繰り返しであり、人生は夢の実現であると答えたいと思います。

かつてニーチェはこう語りました。「夢こそ究極のあなた」であると。ですから、もしあなたが夢を忘れてしまって、日々の生活に追われ、自分の存在価値を見失ってしまえば、夢など全く関係のない人になってしまうという事です。夢が究極の自分であるならば、夢がないという事は、究極の自分を持っていないという事になります。いつの時代も、その時代を形創っているのは、究極の自分を持ち続けている人たちだけです。

詰まるところ、人生は誰とつながり、誰を相手にするかで決まります。究極の自分を持っている人は、究極の自分を持っていない人を相手にしません。何故ならば、そうした自分を持っていない人は、いつも他人の意向で物事を考え、その結果自分の人生を歩くのではなく他人の人生を歩いてばかりで、そのうちいつの間にか思考停止に陥り、気が付けば何のビジョンも持たない人間になってしまっているからです。

何かをやって失敗し、そこで深く傷付き後悔したとしても、それは長い目で見れば大した事ではありません。どうしてかと言えば、やってダメだった事には必ず癒しがあるからです。癒しは必ず気付きに変わり、成長への糧となります。ですから心しなければならない事は、やらないで抱いた後悔です。やらなかったという後悔に、癒しはないからです。癒しがなければ、そこには気付きもなく、気付きがなければ成長への糧とはなりません。

人生はピンチとかチャンスとか、そうした状況にあるのではなく、そこに臨む心の状態にあるのだという事。問われているのは、状況より自分自身の心の状態である事。それは、例えばピンチならピンチという状況のなかで、心が何を見ていたのか。その時、自分を信じる事が出来ていたかという事です。

人間の正体は言葉です。「はじめに言葉ありき。神は言葉と共にあった。神とは言葉であった」と、ある友人から聞いた時、何とも言えない共感を覚えました。どれだけ文明が進みインターネットが進化しても、結局人間が悩む事は、平安の時代から何も変わっていません。全てが気持ちの問題なのです。

ネットの普及で、人と人との物理的な距離は飛躍的に縮まりました。しかしその反面、人と人との心理的な距離が何と遠くなった事か。

好きな言葉があります。

「情熱は足りているか！」

本書は、こうした想いから生まれました。人生は、出来たか出来なかったかではありません。やったか、やらなかったかです。本書は読み進めていくなかで、一滴の水が大河の流れを作るように、少しずつ何かがあなたの心に浸透していきます。その何かがあなたの心の力となり、一点突破の原動力となるならば、筆者にとってこれ以上の喜びはありません。

最後に、いつも筆者の背中を押し、そして励まし、様々なアドバイスを頂いたリンケージ・パブリッシングの岩村信寿社長に心から感謝申し上げます。彼がいなければ、この本はありませんでした。そして妻と子供たち、全国の仲間の皆さまに、心から感謝申し上げます。

２０１３年９月吉日

小泉 幸仁

目次

第1章　必然

第2章　戒め

第3章　決断

第4章　前進

第5章 姿勢

第6章 覚悟

第1章

必然

今日という一日を未来の原因に変える

本気のファイトは、とことん考え抜くところから始まります。
自分は一体何をしたいのか。
自分は一体どういう人生を送りたいのか。
そうした事を、真剣に考えた事がありますか？
夢が目標に変わった時、やる気が本気に変わります。
憧れが決意に変わった時、人は戦闘態勢に入ります。
今まで何が達成出来て、何が達成出来なかったのか。
その原因をスケジューリングの中で、具体的に落とし込んでいく事がとても大切です。

何に力を注いで、何を切り離すのか。

本気の証は、本気のスケジューリングの中で、やるべき行動のリハーサルをしましょう。

毎日スケジューリングの中で、やるべき行動のリハーサルをしましょう。


一日に一度、ピュアな気持ちで、自分と向き合いましょう。

一日に一度、ひとりだけの時間を持ちましょう。

一日に一度、徹底的に自分と勝負しましょう。

そして、じっくり今日一日を振り返り、明日を静かに決意するのです。


今日という一日は、過去の原因が導いた結果であり、何もしなければ、それはそのまま未来という結果の原因になります。

今という現実は、全て自分自身が導いた結果なのだと潔く受け入れましょう。

過去と他人は変えられませんが、未来と自分は変えられます。

今日という一日を未来の原因とする出発点（スタートライン）は、本気のスケジューリングの中にある事を忘れてはなりません。

いかに思うかが心を創る

何故失敗したのか。

それは、あなたの心が成長するためです。

あなたの心に火を付けるために、うまくいかなかったのです。

一度や二度の失敗は、決して失敗ではありません。

同じ失敗を三回繰り返す事が失敗です。

人間だけが、思いで人生を変えていける不思議なパワーを持っています。

人間だけが、心の奥にある思いという不思議なパワーを持っているからです。

「一念岩をも通す！」

「精神一到、何事か成らざらん！」

思いの不思議なパワーを、今に伝えてくれている箴言《しんげん》です。

いかに思うかが、心を創ります。

心が出来た分だけ、成功が現れてきます。

思いが貧しければ、貧しい環境が現れます。

思いが豊かなら、豊かな環境が現れます。

本当に成功するのだろうかという不安な心では、成功は現れません。

心にしっかりと、成功への思いというイメージが固まると、その映像が現象として現れます。

今の環境は、あなたの思いの投影なのです。

環境を変えようと焦っても、あなたの環境は変わりません。

心の奥にある思いという根源のパワーだけが、あなたの環境を根底から変革していくのです。

大切なのは、あなたの在り方であり、心構えなのです。

何となくの中にやるべき事の最短ルートがある

直観は、腹で感じる内臓思考です。

その発信源は度胸であり、胆力です。

腹が据わると、今まで見えなかった事が見えてきます。

潜在意識がもぞもぞと動き出すからです。

潜在意識が動き始めると、何かワクワクしながらも、落ち着いて行動している自分がそこに現れます。

結果はどうやらそこに付いてくるようです。

潜在意識は無意識です。

無意識ですから、意識出来ません。

潜在意識の閃きは、宇宙が始まった時から営々と受け継がれて来た、不思議な叡智《えいち》に支えられています。

潜在意識は1000万ビット、顕在意識《けんざいいしき》は40ビットしかないそうです。

1000万ビットの潜在意識の閃きは、内なる思いというインターネット回線を通って、直観というメールで、私たちの顕在意識に届きます。

しかし、メールを解析《かいせき》する場所である顕在意識は、たった40ビットしかありません。

そこで、潜在意識からの直観メールは、「何となく」というコードで圧縮されて、私たちの顕在意識というコンピューターに送信されてくるのです。

「何となく」思った事の中に、やるべき事の最短ルートが潜んでいるのはそのためです。

ですから、「何となく」あの人に会おうと閃いたら、即行動を起こす事です。

その一つの素早い行動が、運命をも変更するエネルギーにつながるからです。

自分を状況に合わせたら駄目

結果を決めて、条件・状況を整えていく！
成功する人のゴールデンルールです。
条件・状況は、行動しながら整っていく事を理解しましょう。
結果を決めて動く事が、勝利の要諦《ようてい》だからです。
一日一日は、成功か失敗かで出来ています。
成功か、失敗かです。
それは自分自身に勝ったか、負けたかという事。
敵は、自分自身の弱い心に潜んでいる事を忘れてはいけません。
やると決めた事をやりきった一日は、成功の一日です。
しかし、やると決めた事を誤魔化した一日は、失敗の一日です。

誤魔化して敗れた一日は、余程の代償を払わない限り糧とはなりません。

自分を、状況に合わせたら駄目なのです。

誤魔化してはいけません。

人生に逃げ場なしだからです。

目の前にある課題から逃げても、その課題は後日同じかたちをして現れます。

人生は勝負です。

自分自身との勝負です。

やると決めたら、迷わず進む！

この断固とした態度だけが、人生を切り拓く究極の「原因」になる事を確信しましょう。

原因は結果に正直

自分自身と真剣勝負をしてきた人は優しい、と折に触れる度に思います。

本当に力のある人は、威厳をたたえながらも、人に威圧感を与えません。

変にへりくだる事もなければ、構える事もありません。

力のある人。

力とは、人生を前へ前へと進めていく推進力です。

力とは、求めていく姿勢です。

結果を出した人は、結果を出すだけの技術があったからという理由だけで、結果を出した
のではありません。

結果につながる原因に対して、謙虚な姿勢になる事が出来たから、結果を出せたのです。

大切な事は、真摯な姿勢を持って事に対処する考え方を学び、人との接し方を学びながら、

日々成長していけるかどうかです。

その道のプロになりたければ、まず何を置いても、その道のプロの姿勢を学ぶ事です。

原因は結果に正直です。

今日の現実は、昨日の選択の結果である事は言うまでもありません。

ならば、明日の現実は、今日という一日の選択にかかっています。

今日一日、何をやり遂げるのかという意識が力を創るのです。

肝心要は、自分自身の在り方なのだと自覚しましょう。

高きを目指す者は、低きに囚われません。

深きを行く者は、浅きを去るのです。

さあ、今日から自分自身と真剣勝負です。

テーマは、昨日の自分を超える事。

真のエキサイティングな人生は、そんなに遠くにあるのではなく、一日一日の自分自身との真剣勝負の中にある事を知りましょう。

脳は行動についてくる

イチローが日米通算3000本安打を達成した時のインタビューです。

「やっていれば、いつかは届く!」

淡々とした語り口が、とても印象的でした。

脳は行動に付いてくる、という特徴をご存知ですか?

脳は、実際に行っている行為の中で働き出すという事です。

行動しているうちに、その行為が心を引っ張るのです。

心が引っ張られた状態が、「作業興奮」です。

例えば、グラスを一つ磨いていたとします。

磨いているうちにノッテ来て、初めは一つだけ磨こうと思っていたのに、気が付いたら全部のグラスをピカピカに磨きあげていた、というような体験はよくある事です。

これが「作業興奮」です。

行為が心を引っ張ったのです。

実はこの単純で簡単な、一見何でもないような現象の中に、「境地」が隠れています。

如何なる事であれその道の達人は、全員が何らかの「境地」に到達しているのです。

毎日毎日、辟易《へきえき》するような代わり映えのしない作業の繰り返しの中から、何かをつかんだに違いありません。

勝負処は日々の単調な、代わり映えのしない行動の繰り返しの中にある事を、肝に銘じましょう。

面白くない事を、いかに面白くしていくか。

ここに仕事の醍醐味がある事を、達人達は教えてくれているように感じます。

人生は、目指せば冒険です。

目指さなければ、代わり映えのしない、退屈な生活の繰り返しです。

人生はエキサイティングに生きたか、退屈に生きたか、心配して生きたかの三通りしかありません。

棺桶に片足を突っ込んだ時に、「いろいろあったけど、私の人生はオモロカッタワ。みんなありがとう。BYE-BYE !」

って言えたら、もうそれだけで勝ちなのだと思います。

素直さは最大の知性

成功とはもらうものです。

ほとんどの人は、成功は自らが努力して、独力で勝ち取るものだと思っています。

その前向きな気持ちはとても大切ですが、それはある処までは正しく、ある処からは正しくありません。

ところで、生き物の本能について考えた事はありますか？

カエルだって、バッタだって、トンボだって、チューリップだって、生きとしいけるものには、皆本能があります。

その本能の根幹の中の根幹は、種の維持、即ち子孫を残そうとする事です。

それは人間も同じです。

しかし、人間はここで高い意識の人と低い意識の人という、二種類に別れていきます。

低い意識の人がこの本能のままに動けば、その行動は低俗なものになりがちです。

しかし、高い意識の人は違います。

例えば人間国宝に選ばれるような人は、まず間違いなく自分と厳しく向き合い、修練を積み上げて、その域に到達されているのではないかと思います。

人々に感動を与え、尊敬され、それまでの頑張りに対する対価として、彼らは豊かな生活を享受《きょうじゅ》出来たのです。

住みたい家に住み、乗りたい車に乗り、食べたいものを食べ、行きたい所へ旅したかもしれません。

しかし、もしそうであったとしても、彼らは人生のエンドが近づくにつれ、どうしようもなく自分の内側から湧き出てくる、崇高な思いに駈られたのではないかと思います。

それは、我が五体と命に焼き付いたSKILLとWILLを、次の時代に生きる若者に伝授したい、未来につなげたいという、突き上げるような熱い思いであったに違いありません。

そうなのです。

これが自分自身としっかり向き合った、意識の高い人のみが到達する境地であり、この境地は、高いレベルの本能に裏付けられているに違いないのです。

真の成功者は、自らの成功を独り占めにしません。

何故ならば、彼らは知っているからです。

自分の成功だって、心ある人たちから頂いたものである事を。
だから、今度は自分が渡す番である事を。
成功者は探しています。
我が成功を、渡せるに足る人材を。
さあ、もう分かりましたね。
成功とは、謙虚に頂くものだったのです。
ですから、求めて求めて求め抜く姿勢が最大の能力なのです。
素直な気持ちで、人生のコーチを持ちましょう。
素直さは人生における、最大の知性なのですから。

疑いは裏切り者

成功者は、どんな結果が出ても「失敗した」とは思いません。
そもそも、失敗という概念が存在する事を認めないからです。
ここに、世界的に有名な真実のストーリーを紹介します。
その人物は、
21歳で事業に失敗する。
22歳で選挙に落選する。
24歳で又もや事業に失敗する。
26歳で恋人の死に直面する。
27歳でノイローゼになる。
34歳で下院議員選挙に落選する。

36歳で又もや下院議員選挙に落選する。

45歳で上院議員選挙に落選する。

47歳で副大統領になり損なう。

49歳で再度上院議員選挙に落選する。

そして彼は、52歳で第16代アメリカ合衆国大統領に就任する。

その彼とは、アメリカの偉人、エイブラハム・リンカーン、その人です。

この不撓不屈《ふとうふくつ》の精神は、地域を越え、時代を越えて存在する人間成長の法則です。

はじめから、何もかもうまくいく人などいません。

栄光への架け橋は、困難であり挫折感との闘いである事を知りましょう。

困難や挫折感は、命の筋肉を作る負荷なのです。

負荷が人を磨き人を育てます。

人生の真実は、うまくいかない時に、いかに前を向いていたかにある事を忘れてはなりません。


〝疑いは裏切り者だ！やってみる事に恐れを抱かせ、手に入るかもしれないものまで失わせてしまう〟

―シェークスピア―

あなたの存在には意味がある

人生の受け止め方がその人の人間性となって、その人の発想と行動の原点を創り上げます。

過去があって今の自分がある事は、誰でも知っています。

しかしその過去を振り返る時、どうしようもない悔恨の念が残るのは、純粋に前向きに生きようとする人の宿命ともいえるものかもしれません。

もっと恵まれた境遇だったら。

あの失敗さえなかったら。

心が綺麗な、純粋で前向きで素直な人ほど悔恨の過去を引きずり、それは時に前に進めない自分の言い訳となって、殻を破れずにいる自分を守るための予防線となってしまう事があります。

どれだけもがいても、過去の出来事を変える事は出来ません。

人は皆それぞれに、宿命を背負って生まれてきたのだという事を受け入れた時に、未来へと踏み出す事が可能になります。

壁を一つ乗り越えた時に見える景色は晴れやかですが、その晴れやかな景色はいつまでも続きません。

壁を乗り越えて、自分自身を見つめ直した時に込み上げてくるものは、「あの時あの人にもっとこうしてあげればよかった」「目先の事に囚われて、何であんな事を言ってしまったんだろう」という、自分の過去のどこかに残してきた暗がりです。

光と影、華やかさと葛藤。

こうしたコントラストの中で、人生という舞台は準備されていきます。

人は誰しも自分の力で生きていると思いがちですが、実はそうではありません。

人は生かされているのです。

大宇宙から何かの縁と意味を与えられて、私たちは生かされている。

そう思えた時が、新しい人生のスタートの時となるに違いありません。

そのスタートラインに立った時、「生きたい!」という生命の本能的な思いの発露が生まれ、引きずったところで何も生み出さない過去よりも、新しい何かを生み出していく「未来」を考えようという方向へと気持ちを導いていくのです。

誰でも人は、過去に辛く苦しかった事もあれば、人からもらった沢山の愛情もあります。

辛く苦しかった事も、頂いた沢山の愛情も、それら全てを包含した過去を丸ごと自分のものとして受け止める事が、その人物の色となって表れてくる事を知りましょう。

その人の話す言葉や振る舞いには、全てそれを発するその人の色が付いて、それが受け手の心に届く事を忘れてはなりません。

過去があってこその自分です。

様々な状況が押し寄せてくる日々の生活のなかで、そのように思う事は容易な事ではありません。

しかし、過去も含めて自分を丸ごと受け入れなければ、自分自身の殻を破って前に進む事は出来ないのです。

過去を含めて自分を丸ごと受け入れるためには、過去を引きずりながら悩む時間や、自分と向き合って自分の内側と対話する事も決して無意味な事ではありません。

しかし、そうした事以上に大切な事が一つあります。

それは、いつも心のなかに一緒に居てくれて、「あなたはあなたとして、あるがままでいい！」と自信をつけてくれる人の存在です。

あなたの存在には意味があります。

その稀有の意味を顕現するために、過去は大いに引きずっていいのです。

悩んだ先に差す光こそが、あなたを心暖かい逸材へと成長させる道標となるからです。

悩みや問題には必ず原因がある

原因を間違えれば、結果も間違ったものになります。
結果で結果を変えようとしても、そこには無理がある事を知りましょう。
結果を変えるためには、原因を変えなければ駄目なのです。
あなたが美しい花ならば、美しい蝶が集まってきます。
あなたが生ゴミならば、ハエが寄って来るのです。
自分の旗色を明確にする。
自分は何をもって生きていくのかを、まず自分自身にハッキリさせる。
ここが、あなたをあなた足らしめる原因となる事を忘れてはなりません。
人の事が気になりだしたら、生き方の軸がブレてきている事の証拠です。
自分の道が見えていれば、人が気になるなどという事はあり得ないからです。

あなたは、今、誰の事を気にしていますか?

あなたが今、気にしているその人こそが、今のあなたの心の状態です。

もしあなたが気にしている人が、後日冷静に観察した時「小物」であるならば、その時のあなたもまた紛れもない小物だったという事になります。

悩みや問題と思われる事には、必ず原因があります。

その原因の本質は、自分が自分自身の歩むべき道を歩んでいないところから生じている事に、早く気付きましょう。

自分自身の道を歩んでいる人は、他の道を歩む人の悩みに、興味を持つ事はありません。

我が人生の一本道を歩もうと決意出来れば、魂のステージは必ず一つ上がります。

悩みや問題というのは、魂のステージが一つ上がれば、それだけでたちまち消えてなくなるものなのです。

悩みや問題が消えたという結果には、自分の魂のステージが一つ上がったという原因が潜んでいます。

その原因を創ろうとしないで、悩みや問題の渦中に飛び込んでも、何も解決するどころか、またどこかで同じ悩みや問題が湧き出てきます。

我が人生の一本道を歩こうと決意する事が、結果を根底から変えていく原因となる事を理解しましょう。

ダイヤモンドは傷付かない

〝迷った時は、心を静めて、自らが神である事を知れ！〟
境地の最高峰であり、問題解決の極地です。
その悩みの本質は何か？
何を解決すれば、その悩みや不安は、根底から解決するのか？
ここをしっかり対峙する事が大切です。
それが出来れば、答えはもう既に用意されています。
答えは、教えてもらうものではありません。
答えは、気付くものであり、決意するものだからです。
あなたは、ダイヤモンドの原石です。
ダイヤモンドの原石は、ダイヤモンドで磨かなければ光りません。

道端にある凡石で、磨く事は出来ないのです。

「艱難《かんなん》、汝を珠にす」という言葉があります。

ダイヤモンドの如き人材の、根幹を貫く発想です。

試練が人を磨き、試練がリーダーを育て、試練が歴史を創ってきた事を、私たちは今一度
心に焼き付けなくてはいけません。

試練の意味を理解出来ていないから、易きに流されて粘れないのです。

試練の意味を理解出来ていないから、すぐに逃げ出すのです。

道端の凡石が悩む事で悩むのは、もう止めにしましょう。

悩むゾーンを間違ってはいけません。

迷った時は、心を静めて宇宙の声を聞くのです。

宇宙とは他でもない、あなた自身です。

自らが宇宙であり、ダイヤモンドなのだと気付きましょう。

試練の中にあっても、自らが宇宙であり、ダイヤモンドであろうとしましょう。

ダイヤモンドは、絶対に傷付きません。

「迷った時は、心を静めて、自らが神である事を知れ！」

あなたを護る、至高の言霊《ことだま》がここにあります。

意志あるところ道は突然拓ける！

私たちがそんなの当たり前だと思っている事が、意外に証明されていないという事を、ご存知でしたか？

例えば、飛行機は何故飛ぶのか？

揚力《ようりょく》で飛ぶというのが定説ですが、最後の最後まで飛ぶ理由を突き詰めていくと、結局はまだよく分かってはいないのだそうです。

飛行機は何故飛ぶのか？

考え方でこの問いに対峙するのではなく、感じる事で解釈してみたいと思います。

飛行機は何故落ちないで空を飛ぶのか？

それは、落ちる前に進んでいるからです。

落ちる前に進んでいるのですから、落ちるはずはないのです。

何故こんな感じ方を書いているのか、お分かりになったでしょうか？

それは……

迷ったり、悩んだり、行き詰まった時のたった一つの答えは、とにかく前に進んでいく事だからです。

悩むなら、前向きに悩む。

迷うなら、前向きに迷う。

行き詰まるなら、挑戦的な態度で行き詰まる。

悩みや、迷いや、行き詰まりは、あなたが人生という空を飛んでいるから起こるのです。

飛行機と同じです。

あなたが、現役で頑張っているから起こるのです。

あなたが、逃げないから起こるのです。

飛行機は、向かい風を受けて飛びます。

向かい風が強ければ強いほど、飛行機は高きを飛びます。

あなたも同じです。

人生の最前線では、何があっても前に進み続ける者だけが栄光をつかむのだ、という事実を忘れてはなりません。

ただ前へ進むだけではありません。

意志をしっかりもって、前へ前へと進み続けるのです。

意志あるところ道は拓ける。

ではありません。

これは、やや言葉足らずです。

人生の最前線で起こるミラクルは、意志あるところ、道は「突然」拓ける！

この感覚です。

意味のある「突然」を引き寄せましょう。

ミラクルとは、何があっても前へ前へと進み続ける者にのみ、「突然」起きる引き寄せである事を肝に銘じて、今日の一歩を進めましょう。

取るに足らざる者に時間をかけてはいけない！

原因を自分自身に求めないで、他者に求める人を「とるに足らざる者」と言います。

彼らを今日は、「T」と呼びます。

Tにほぼ100パーセント共通する特徴は、打たれ弱いという点です。

とにかく、自分に弱い。

突き詰める事が出来ません。

自分自身の一時的な感情や感傷的な気分を、不変の決意と勘違いします。

そして、彼らの特徴の二つ目は、〝for Me〟であるという事です。

〝for You〟の精神が全く理解出来ません。

「自分がして欲しい事を他人にしてあげる」という考え方は、全く理解不能です。

彼らが行動する際の発想の底流に流れるものは、自分にとってのメリットがあるかどうかだけが基本となります。

その当然の帰結として「自分がして欲しい事を他人にさせる」という発想に行き着くのです。

Tは常に、目の前に起きる現象に振り回されます。

Tは常に、他人からどう見られているか、どう思われているかで行動を決めるからです。

Tは権威が大好きです。

権威が語れば無条件で凄いと、自分の頭で考える事なく全面的に受け入れるのです。

学ぼうとしてこなかった自分の怠慢を、権威が語ったというだけの事で正当化するのです。

Tは結果オンリーです。

結果の奥にあるプロセスという原因に、目を向ける事が出来ません。

ですから、幸運は偶然起こるもの。

くらいにしか、理解出来ません。

彼らは強い者には徹底的に弱く、弱い者には徹底的に強いという、小物ぶりを遺憾なく発揮して、そこで満ち足りた自分を感じます。

そんな、取るに足らざる生き方を続ける者に、真の友人は出来ません。

ですからTは、いつも被害者意識の塊《かたまり》です。

自分は何もしていないのに、他人にはこれだけしてやったと思い込んでいます。

そんなTは、自分を気遣う様々な善意の方々から受けた愛情に溢れた行為の数々を、全く覚えていません。

それどころか、Tを真に思う善意の人たちからのアドバイスに対して、あんなキツイ事を言われて傷付いたとか、許せないとか、意味不明の逆恨みをする時があるのです。

その人物がTかどうかは、言っている事ではなく、やっている事を観ていたら分かります。

いいですか。

取るに足らざる者に、時間をかけてはいけません。

素地のある、他者を思いやる心を持つ人に、気持ちを注ぎましょう。

Tからは、そっと離れる。

いいですか。

そっと、離れるんです。

そっと、です。

人生は、「やり方」を知る事ではありません。

「誰」を知るかなのです。

ノウハウ（Know How !）ではなく、ノウフー（Know Who !）なのです。

何故ならば、やり方を知る事だけで、幸せはつかめないからです。

やっぱり、幸せの決定打は人に尽きるのです。

第2章

戒め

心の置き場所を間違わない

「田舎の三年、江戸の昼寝」という言葉があります。

田舎で懸命に三年間勉強するより、江戸で半刻《はんとき》昼寝している方が、よほど進化・成長出来るという喩え話です。

我が身を何処に置くかが人生と言っても、過言ではありません。

自分自身の旗色をハッキリさせる。

私はこういう事がやりたくて、だから今こういう事を、こういう思いでやっている！

こうキッパリと言える、眺めのよい人間でありたいと思います。

あなたの心のなかにある、根本的なブレーキは何ですか？

誰からみてもイイ人は、ただの都合のイイ人です。

人生には、あなたと関係のある人と、関係のない人がいます。

あなたと関係ない人に、よく思われたいという動機で振る舞う時、心に急ブレーキがかかってしまうという事をご存知でしたか？

躊躇《ちゅうちょ》が、人生の扉を固く閉ざしてしまう最悪のエネルギーです。

ですから、迷ったらイエス、迷ったらゴーなのです。

しない後悔より、した後悔なのです。

あなたは、人生の目的を思考した事がありますか？

目的と目標は違います。

目的の方が上である事は、言うまでもありません。

人生の目的。

それは、あなたがあなたである事を証明する事です。

その最前線こそが、今のあなたのその環境であり、状況なのです。

心の置場所を間違ってはいけません。

大切な事は、今のその状況とか場所ではなく、自分自身の精神の住所だからです。

淡い感傷に心を預けない

負けて吹っ切れるのなら、初めから吹っ切れていきましょう。

敗れて腹がすわるのなら、初めから勝ちを捨てていきましょう。

「勝てるかも」という淡い感傷に、自分の心を預けた時、運命は消極性という減点を与えるようです。

守りに入る者は、門に入れません。

油断したらやられる！

これが波乱の時代の心構えです。

どれだけ重圧のかかる時でも、プロはやるべき事に徹しています。

やるべき事に徹した時に、ミラクルという物語が始まる事を、私たちは学ばないといけません。

心にスイッチを入れる！

ひとたび自分の戦うフィールドに入ったら、パッと切り換える！

イチローは、メジャーリーグのスタジアムに入った瞬間、イチローからICHIROに変わるという話は有名です。

プロとアマチュアの違いの始まりは、切り換えの妙を理解したかしないかです。

単純に切り換えてしまえばいいのです。

「切り換えて！切り換えて！」

迷う必要は何もありません。

ただ行けばいいのです。

仕方がないという、流された気持ちを信じた事が、今の状況を作った根本的な原因でした。

吹っ切れていきましょう。


〝人生は短い。だから私は、不幸になっている暇なんてないの〟

ターシャ・テューダーの言葉です。

全てはきみの心の状態にある

集中力こそが、力の本質。

集中力を学び、飽きる事なく同じ仕事を心血を注いでやり通す時、良いアイデアが黙っていても浮かんでくるようになる。

本当に意識の集中した状態に達する事が出来たなら、ひとりでに、全ての問題の核心が見えてくるようになる。

大切な事。

それは、ごちゃごちゃ理屈を差し挟まないで、いつもの自分とは違う特殊な精神状態に、シンプルに入る事だと、早く気付く事。

この精神状態に入れば、全てはゲーム感覚。

この精神状態の中に隠されているパワーが、どんな事でもシンプルに考えて、シンプルに行動出来る自分を創りあげていく。

成功者の多くがこの境地に達し、手を伸ばせばすぐに成功がつかめるようになっているという事実に、目を向ける事。

意識を集中出来れば、自分の心を自由に操れるようになる。

そうなればしめたものだ。

もう運命に縛られず、自由に人生を送る事が出来るのだから。

本気で集中すれば、自分のやる事為す事が面白くてたまらず、子供のように今その瞬間、自分がやっている事だけに没頭出来るようになる。

そういう状態の人間には、過去も未来も全く存在せず、今という時を愛しく思い、そこに自分が溶け込んでいくような感覚になる。

心をもっと強くするように訓練を積んで、物事がハッキリと見えるようになった時、人は何でないものにずっと怯え続けてきた事に気付くだろう。

どんな事でも、それが起こるには、ひとつの理由がある事を理解する！

どんな出来事も、自分の心が逃げさえしなければ、結局は最善の結果に導いてくれるように出来ている事を信じる！

別の言い方をすれば、どの出来事が重要かなど一概に言えない。

結局のところ人間にとって大切な事は、どれだけ事を起こす事が出来たかという事。

いつの日かきみが、とても深刻な事態に追い込まれ、乗りきる事が出来ないと思える状況に悩む時、今のこの言葉を思い出すといい。

その時悩みと思っていた事が、実は錯覚に過ぎず、心をコントロール出来なくなって落ちてしまった罠だと気付く日が、必ずくるという事を。

今見ている世界は、自分の心の状態が現れたものに過ぎない。

絶対絶命のピンチに置かれて、たとえ死と向い合わせになろうとも、きみの心がずっと平静のままならば、不安は全てなくなり、悩みはその発生源である「無の世界」へと引き返していく。

この原理を〝きみ自身〟がつかんだ時、きみは自由になる。

いつ如何なる時も、全てはきみの心の状態にある事を忘れてはならない。

悪魔退治

悪魔はいつも、あなたにそっと忍び寄ります。

悪魔はいつも、あなたから「何となく」やる気を奪います。

悪魔はいつも、あなたを面倒くさい気持ちにさせます。

悪魔は、あなたのぼやけていく姿を見て、ほくそ笑んでいます。

悪魔は、訳もなくテンションを下げているあなたを見て、それでいいと言っています。

悪魔は、どうせ出来っこないと思い始めたあなたを見て、拍手を送っています。

悪魔は、何もやっていないあなたを見て、きみは頑張っているから大丈夫だとエールを送っています。

悪魔は、意味もなく不安を抱くあなたに、それが普通だと激励しています。

悪魔が微笑んでいます。

悪魔がやめろ、やめろ、とあなたに呟《つぶや》いています。

悪魔は、夏になれば、こんなに暑い時に頑張れば、身体を壊すから休めとあなたにささやきます。

秋になれば、運動会だからやめろと呟《つぶや》き、
冬になれば、寒いからやめろと脅《おど》し、
春になれば、いろいろ忙しいからやめろとあなたをたぶらかします。

結局あなたは、悪魔に唆《そそのか》されて、何もやってないのです。

進まない理由はただひとつ。

何もしていない！

ただ、これだけです。

悪魔の本質は、躊躇《ちゅうちょ》であり、「何となく」抱く脱力感であり、テンションダウンであり、面倒くさいと思う気持ちそのものです。

悪魔にたぶらかされないで、しっかりと前を向いて前進していきましょう。

気持ちが前に向いている事が、悪魔退治の基本だからです。

コピーに独創性は宿らない

明るく軽く爽やかにやる！

仕事を進めるうえでの、大切なポイントです。

しかし、遊び心は大切ですが、しっかりとしたポリシー、考え方の軸を持たない楽しい仕事は、遊び半分になりがちです。

遊び心は大切ですが、遊び半分では何も進みません。

そして、何も相手に伝わりません。

さらに、学ぶとコピーは全くの別物です。

人生も仕事も、万般全てにおいて勝敗を分けるものは、独創性（オリジナリティー）です。

コピーに独創性は宿りません。

よく仕事はコピーする事から始まる、と言う人がいますが、それは自分が携わる仕事を軽く見ていると思わざるを得ません。

コピーではないのです。

伝えたいスピリッツがあって、即ち伝えたいWILLがあって、その次にSKILLだと思うのです。

学ぶの語源は、「まねる」から来ていますが、それは意志を持った徹底的な模倣であり、その姿勢はむしろ「盗む」という積極的な態度をいうのだと思います。

昔、日本に義務教育がなく、まだ寺子屋や私塾が子弟の教育の場であった頃の話です。

師匠が弟子に、手取り足取り懇切丁寧《こんせつていねい》に教える事はありませんでした。

師匠自らが大変な思いをして獲得した術を、簡単に弟子に教えたら自分が食いっぱぐれると考えたからです。

やがて、弟子は気付きます。

この師匠は、自分たちに教える気などないのだと。

ならば、こっちから貪欲に盗んでやる！

こうした環境の中で明治維新の志士たちは、日本を動かす逸材へと育っていったのです。

コピーする環境をいくら整えても、そこに持続する成長はありません。

SKILLを教えるなと、言っているのではありません。

本当に育って欲しい人の脳ミソを思考停止にして、それを仕事と勘違いしてはいけないと言いたいのです。

結論は、自分が進めばいいのです。

自分が、誰よりも頑張っていればいいのです。

付いてくる人だけ、付いてくればいいのです。

自分がやっていない事を棚上げして、人にコピーを期待しても、最後にコピーされるものは、何も考えない、自分の軸を持たない、軽く薄っぺらな一時的なサクセスを目指す人であり、それが持続可能な成長に繋がらないという事実は、すでに歴史が証明するところです。

「百聞は一見にしかず」という言葉があります。

どれだけ言って聞かせても、人はやらないという事です。

それでは、どうすればいいのか。

答えはシンプルです。

やって見せる！

これだけです。ごちゃごちゃ言うより、現実にやって見せればいいのです。

本当に育って欲しい人には、やって見せる事によって衝撃を与えるのです。

脳にとって、見た事以上に受ける衝撃はありません。

脳が受けた衝撃だけが、学びという姿勢につながる事を忘れてはなりません。

現象より原因に迫る

「私はデブ→デブだからやせなきゃ→やせるためにはダイエットしなきゃ→ダイエットすると腹が減る→腹が減るから食う→食うからデブ→デブだから痩せなきゃ」

これがデブの輪廻《りんね》です。

もうちょっとで届きそうなのに届かない。

もうちょっと、もうちょっとの人って、意外に沢山いませんか?

実は、このもうちょっとがくせ者なのです。

このもうちょっとは、そのもうちょっとの事に対して、一見近そうに見えて、月へ行くより距離があります。

更に言えば、もうちょっと、もうちょっとの人は、大切な事に気付いていません。

上記の例で言えば、ポイントはどうしたら痩《や》せるかというところにはないという事です。

発想のポイントは痩せる方法ではなく、何故太ったのか、という原因に迫る事にあるのです。

例えば、癌《がん》が治ったと喜んで小躍りしている人は、又癌になるかもしれないという事です。

何故癌になったのかという原因に迫り、それを肝に銘じて生活を変える事が、改善の本質だからです。

現象に対処しているだけでは、本質的な改善はありません。

現象より原因に迫る発想を持つ事が、根本的な改善の第一歩なのです。

どうするか、よりどう在るか！

良い事も悪い事も、その現象の根底にあるものは、自分自身の事（こと）に対する在り方である事を理解しましょう。

在り方を変えずに、現象が変わる事などあり得ないのです。

望まないものに意識を合わせない

動揺するのは、何もやらない人の心理を分析しようとするからです。

何もやらない人の気持ちを分析するのは、もうやめにしましょう。

ネガティブな考え方に同調しない事です。

頑張る事が嫌いな人は、頑張っている人が嫌いです。

夢を追いかける事を諦めた人は、夢を追いかけている人が嫌いです。

他人の動向を気にし過ぎると、こちらの具合が悪くなってきます。

それよりも一日一日を、自分が心から望むものに意識を合わせていきましょう。

望まないものに意識を合わせても、受け取る対価は意味のないものだけだからです。

心の奥底にある意識が本当に受け取った情報は、寸分違《たが》わず未来の自分の本質となる事を理解しましょう。

どうせ悩むのなら高いレベルで悩む

今、時代のキーワードは、「知恵と度胸」です。
どちらが先かと問われれば、もちろん度胸です。
成功している人に共通してあるもの、成功しない人に共通して無いもの。
それは、『覚悟』です。
覚悟とは何か?
覚悟とは冷静な度胸です。
どうせ悩むのなら、高いレベルで悩む事です。
悩んでも仕方ないレベルで悩まない。
まず、もう今日からは、軽々しく悩まないと決める事です。
その他大勢の、取るに足らざる者と同じレベルで一喜一憂しない事です。

人生万般、その本質は、考えたって分からない！

これです。

だったら、つまらない事を考えて、つまらない事に囚われたら、その状態それ自体が迷いとなって、ついには心が滅びていきます。

心が滅びれば、それはそのまま人生の死を意味します。

ですから、考えなかったら敵なしなのです。

これが究極なのです。

一寸先は闇。

とか、聞いた風な事を言う人がいますが、何を言ってるのか全然分かりません。

一寸先は闇ではありません。

一寸先は薔薇色！

これが正解です。

ですから、前へ前へと進んでいくこれからの一日一日も薔薇色です。

この精神を、「立ち向かっていく楽観主義」と呼びたいと思います。

厳しい時代に入ってきましたが、だからこそ座して敗れるのではなく、勇敢に打って出ましょう。

心を燃やして、心にスイッチを入れて、今日の一歩を力強く踏み出していきましょう。

大切なものは行動の奥に潜む動機

真実の出会いに別れは来ません。

男とか女を越えて、これからは愛で渡り合う以外に、真の人間関係は作れません。

ところで、心は何処にあるのかご存知ですか？

心は、人と人との間にあります。

ですから生きていくうえでとても大切な事は、その人との「心の人間関係」をどう作り上げていくかです。

エゴから出た言葉や行動は、必ず見抜かれます。

当座はうまくいっているように見えても、最後は通じません。

人は、結局は善性で出来ているからです。

人間の正体は、善なのです。

その善なる命、即ち宇宙の究極であり至高の存在である人間の心に迫るには、愛という心しかありません。

至高なる存在とは、純粋なる存在です。

そこに生半可の策を弄しても、それは愚かの一語に尽きます。

あなたの心がエゴという澱《おり》から解放されていたら、途中経過がどうあれ、あなたはゴールに向かっています。

大切なものは、その行動の奥に潜《ひそ》む動機なのです。

動機の出発点、それは愛です。

愛を動機とした行動は、必ず通じます。

そして、あなたは愛を動機とした行動を通して進化します。

進化したあなたは、ある境地に至るでしょう。

愛から愛情へ。

人間最後は、〝情《なさけ》〟がなくてはいけません。

情とは、許せるという事。

その人の善性を慈しむ寛容さを持っている事が、一番大切である事を忘れてはいけません。

人は時として、大切な事を忘れます。

大切な事を忘れて策ばかりで行こうとするから、相手の魂が動かないのです。

状況より
あなたが小さいと

状況よりあなたが小さいと、　あなたは緊張します。
状況よりあなたが小さいと、　あなたの心拍数は上がります。
状況よりあなたが小さいと、　あなたは自分を見失います。
状況よりあなたが小さいと、　あなたは動転します。
状況よりあなたが小さいと、　あなたはその瞬間、最悪をイメージします。
状況よりあなたが小さいと、　あなたの呼吸は荒くなってきます。
状況よりあなたが小さいと、　あなたは余計な事が気になってきます。
状況よりあなたが小さいと、　あなたは急に怖じ気づきます。
状況よりあなたが小さいと、　あなたは勇気を忘れます。
状況よりあなたが小さいと、　あなたは心配します。

状況よりあなたが小さいと、あなたは不安になります。
状況よりあなたが小さいと、あなたは卑屈になります。
状況よりあなたが小さいと、あなたは気後《きおく》れします。
状況よりあなたが小さいと、あなたは戦う前にすでに負けている事に気付きません。
状況よりあなたが小さいと、あなたは去り行く者に未練を持ちます。
状況よりあなたが小さいと、あなたは固まります。
状況よりあなたが小さいと、あなたは思考停止に陥ります。
状況よりあなたが小さいと……
状況よりあなたが小さいと……
勝負するその時に、賢者が唯一意識する事。
それは……
全ての始まりは、取り組む前のメンタルにあるのだという事。
だから……
状況よりあなたが小さいと、あなたは緊張します。
しかし……
状況よりあなたが大きければ、あなたは緊張しません。
状況よりあなたが大きければ、あなたは穏《おだ》やかです。

状況よりあなたが大きければ、あなたは脅《おび》えません。

状況よりあなたが大きければ、あなたは怯《ひる》みません。

状況よりあなたが大きければ、あなたは在るがままのあなたです。

状況よりあなたが大きければ……

ただ、それだけです。

ただそれだけの、ひとつの真実。

でも、これこそがシンプルにして最大の関門であり、古《いにしえ》の賢者が挑んだ極みのハードルだったのです。

そればっかりやる事が人生

私は、そればっかりやってない！

よくそういう言い方をして、逃げる人がいます。

こういう人は、例外なく伸びません。

成功など、とても覚束ない人です。

何をやっても意識がその時、その場所にない人だからです。

仕事をしている時には次の休暇を思い、その休暇を楽しむべき時には、あ、明日から仕事だと憂鬱《ゆううつ》になる。

いつも、その時その時に違う事を考えている。

そのいつもの言い訳が、私はそればっかりやってない、となるのです。

しかし実は、人生とはそればっかりやる事だったのです。

ただひたすら、そればっかりやり続けた人が、最後に勝つように出来ているのです。

自分が依って立つ専門領域を、一途に極めていく。

そればっかりやり続ける事の出来る人が、自分を実現していくのです。

もういい加減、いちいち言い訳して逃げるのは止めにしましょう。

あなたが心のどこかで気にしてるその問題からは、恐らく逃げ切れません。

やるしかないのです。

栄光のゴールを切る手前で逃げたという撤退のシミは、あなたの心の奥底で、人生の悔恨《かいこん》となって残るからです。

時に人生という戦いにおいては、橋を焼き捨て、退路を断って、捨て身で勝負しなければならない時があります。

勝負の時を、しっかりと見定める。

やる時には、やる自分を育てておく。

「臆病にては叶うべからず候う」

臆病者は、なにも出来ない！

古《いにしえ》の哲人の言葉です。

他人をいくら気にしても何も起きない

That's Non of My Business！

直訳すれば「それは、全く私のビジネスではない！」という意味です。

超訳すれば「そんなの関係ない」といった感じです。

私的な好みで訳せば「余事だ！」となります。

この言葉は、「事の本質からかけ離れた、取るに足りないどうでもいい事」との思いを、たった三言に封じ込めた見事な概念ではないかと思います。

他人が羨ましくなったり、他人に腹がたったりしたら、このフレーズを口ずさみましょう。

「余事だ！」

誰かを羨ましく思うのは、命の劣化が始まっている表れです。

誰かに腹がたっているのは、その人の中に同じ自分を見ているからです。

自分自身の行くべき道を見失うと、急に他人が気になりだします。

見るもの聞くもの、羨んだり腹がたったり、時としてため息と共に自己嫌悪に陥ったり。

そうした心の状態を「取り乱す」と言います。

別に他人から直接何された訳でもないのに、何故わざわざ自分から滅びていくのでしょう。

何か起きると、いつもいつも、いちいちいちいち、ビクビクビクビク過剰反応して、自分から墓穴を掘ってしまう。

その結果、今という時間が次につながらない。

神は、今という只今この時にしかいないのに。

宇宙だろうが時空だろうが、全ては只今この時にしか集約されないのに。

他人に気を盗られて、今日を明日につなげる事なく自滅する。

他人をいくら気にしても、何も起きません。

ミラクルは、心乱さずに決めた我が道を歩む時に、その芽を出すのです。

心が乱れそうになったら、「余事だ！」と吐き捨てるが如くに唱えてみて下さい。

凛とした表情を意識して、口元をしっかりと結んで、心の中で唱えてみて下さい。

あなたが歩むべき道に、瞬間移動出来ます。

駄目ウィルス

完璧主義は、やらない理由です。

１００パーセント出来なければ気が済まない人は、いずれ必ずやらない人に変貌を遂げていきます。

完璧主義の人は十のうち十出来て当たり前ですから、そのうち一つでも出来なければやった事にならないという、ある意味では高い基準の持ち主です。

彼等がこだわるのは出来た九つの事ではなく、出来なかった一つです。

この出来なかった一つは彼等のこだわりを越えて、負の連想へと進む場合が非常に多くなります。

十出来て当たり前で、それ以外は一つ外してもやった事にならない訳ですから、彼等にとって九つの出来た事は、全く意味がなくなるからです。

いずれその囚われは丁か半かというような単純極まりない二者択一の発想となって、彼等の完璧主義を更に強固なものにします。

その結果として彼等から出てくる言葉は、
私はやる時はやるといった、一見もっともな〝屁理屈〟となって表現される事になります。

何事かを成し遂げた人に、このような言葉や発想はありません。

人生を開拓する鍬《くわ》となる発想は〝とりあえず〟です。

これは是非覚えておいて下さい。

〝とりあえずやってみる〟事が大切なのです。

「私はやる時はやる！」などと言う人は何をもって、「やる時」を見極めるのでしょうか？

気まぐれな〝気分〟でしょうか？

今まで気分でやったりやらなかったりしてきた人が、「やる時」を見極められるのでしょうか？

少し忌憚《きたん》のない事を言わせて頂けば、「私はやる時はやる！」と言って、小難しそうな顔をしている人をじっと観察していると、そのほとんどの人達が、今まで何もやって来なかった人達である事に気付きます。

実は、完璧主義と怠け者は紙一重なのです。

人材と呼ばれる人達は、行動のみが自分の人生を拓く事を理解しています。

ですからピンと来た事は、〝とりあえず〟やってみるのです。

とりあえずやってみた彼等は、やってみた事に対して完璧主義的な発想を持ちません。

やってみた結果が自分の予測を外れても、彼等はその事自体にネガティブな反応をしません。

「駄目なら駄目でいいじゃない！」、「こんな時もあるさ！」とパッと切り替えて、次の行動に「とりあえず」移るのです。

キーワードは、とりあえずやってみる！

これでいいのです。

小難しい顔をして、何だかんだ言いながら何もやらずに、最後はコソコソ逃げ出す人より、とりあえずやってみる人の方が凄いのです。

何故ならば、人生万般やってみなければ分からないからです。

何もやろうとしない完璧主義の人や怠け者には、一生をかけても分からない境地があります。

それは、ダメモトという境地です。

駄目で元々！

だから、とりあえずチャレンジ出来るのです。

駄目で元々！

だから、十のうち一つくらいうまくいかなくても、いちいち囚われないで、こんな時もあるさと飄々《ひょうひょう》としていられるのです。

繰り返します。

人生は、駄目で元々です。

もし、あなたが一つ一つの事に引っ掛かって、次の行動に移れないでいるとすれば、もしかするとあなたは、完璧主義か怠け者の駄目ウイルスに感染しているかもしれません。

そんな時は、「とりあえず」「ダメモト」というワクチンで、駄目ウイルスを撃退してみて下さい。

きっと、目に見えて状況が変化して来ますから。

第3章

決断

仕切り直しこそが人生の生命線

決めて、認めて、対処する！

これが、決断の方程式です。

ですから、迷わずどんどん決定していきましょう。

やってみなければ分からない！

そのように、いつも積極的に思えているかが大切です。

進むとは、過去に囚われず、未来を決める事です。

ですから、過去に囚われてはいけません。

過去は捨て去るものでもなく、許すものでもなく、ただそこにあるものと解釈しましょう。

故に、過去はＯＫなのです。

過去をＯＫ出来れば、自分の中にある何かが走りだします。

自分の中にある何かが走りだすと、等身大の自分を受け入れる事が出来るようになってきます。

等身大の自分を受け入れて、はじめて問題の核心に迫る事が出来るのです。

自分は一体何が出来て、何が出来ないのかを真摯に見つめた事がありますか?

自分は一体何が出来て、何が出来ないのかを客観的に分かろうとしていますか?

素直になりましょう。

素直になれば、足りない何かを認める事が出来ます。

素直になれば、要らない何かを捨てる事が出来ます。

足りない何かに立ち向かい、要らない何かを捨て去れば、ヘボプライドという鎧《よろい》を脱ぎ捨てた、等身大のあなたが現れます。

鎧を脱ぎ捨てましょう。

何をそんなにこだわっているのですか?

鎧を脱ぐ事が出来れば、こだわっている場所が違う事に気付くはずです。

こだわっている場所が違うと分かれば、仕切り直しこそが、人生の生命線である事に行き着きます。

これは違うと分かれば、何度でも仕切り直しましょう。

これが、一度しかない人生を過たずに生きるスキルだからです。

進もうとすれば結局はもがく

調子が悪いなら、調子が悪いなりの戦い方があるのだと、自分自身に言いきかせる事が大切です。

いつもいつも絶好調の人など、世の中に一人もいません。

悪くなった時に、どうもがけるか。

これが実力のベースである事を知りましょう。

「Break Through（ブレイク・スルー）」という言葉があります。

この意味は、直接的には、切り抜けるといった意味ですが、主に兵語として、敵前突破といった意味に用いられます。

乱暴な意訳をすれば、「一点突破、全面展開」といったところでしょうか。

Break Through！

カッコいい言葉です。

しかし、現実は少し違います。

「Muddle Through（マドル・スルー）」という言葉があります。

Muddleとは直接的には、混乱させる、めちゃくちゃにする、泥だらけにする、濁らすといった意味です。

これも乱暴に意訳すれば、先の見えない混沌《こんとん》とした泥沼のなかで、もがいてもがいてもがきながら、それでもどうにか切り抜けていくといった感じです。

天才の出発点は、Muddle Throughです。

今まで何事かを成し遂げた経験のない人にとって、何事かを成し遂げようとする時に、その状況がきちんと整理出来ている事は稀です。

もし出発にあたり、状況が整理されていたとしても、その状況はそのままでは使えません。

何故ならその状況は、うまくいかないという状況を成立させてきた前提なのですから。

ですから、一度壊す必要があるのです。

進もうとすれば、結局はもがくのです。

栄光の保証書は「悪戦苦闘能力」です。

この能力を「直面能力」とも呼びます。

人生の真の実力は、困難に遭遇した時の「直面能力」に集約されます。

それは、今カッコ悪くても、10年後にカッコ良ければいいという、ある種の開き直りに近い感覚です。

さあ、小さな事をいちいち気にしないで、今日一日を晴れ晴れとした気持ちで、構想力にあふれた、挑戦の気概にあふれた、戦略的な一日にしていきましょう。

どうせもがくなら、徹底的にもがいてみる！

何があっても、諦めない限りエンドなど来ないからです。

その時、他人の目など気にしていたら、もうそれだけでアウトです。

他人はあなたが考えるほど、あなたの事など気に留めていないからです。

本当に勝負しなければならない時は、自分自身に集中する！

泥まみれになってでも、心の汗をかくのです。

その悪戦苦闘能力こそが、代替の効かない人材として、未来にあなたを輝かせる宝となる事を忘れてはなりません。

逆風の時代だからこそ巻き返せる

「人生は経営である」

松下幸之助さんの、有名な言葉です。

先日、「逆風に立ち向かう日本企業の課題」という日本経済新聞の社説を読み、それは幸之助さんが言う、人生の経営にも当てはまるなと思いました。

一部分を、転載引用します。

「だが、経営者は冬の時代であっても、成長戦略を見失ってはならない。難局克服に向け、持てる経営資源を総動員してほしい」

うまくいっている人は、今自分が持っている材料を全て使いきって、目標達成に立ち向かっていきます。

頑張る、目指す、目標達成に立ち向かう。

それぞれの意味は、似ているようで全くの別物です。

一連の業績悪化は、経営の失敗や競争力の低下によるものではありません。長期を見通そうとする成長戦略を持たずに、短期的な視野で状況に対応する事を優先した事に、その原因があったのです。

米金融危機に端を発した世界景気の変調は、長期化の恐れがあります。

「企業は今期だけではなく、かなり長期間にわたって厳しさが続くと覚悟しなければならない！」

真のリーダーは状況を甘く見て、たかをくくるような事はしません。

厳しい時は、厳しいからです。

「逆風下で、まずやるべき事は足元を固める事だ」

「景気下降局面の常として、徹底したコスト削減も欠かせない」

冬の時代には、まずしっかりとガードを固めましょう。

選択と集中で、経費と時間を管理する事も大切です。

しかし、使うべきところに経費を使わなければ、未来はありません。

「こうした短期の対応策とは別に、忘れてならないのは、やはり長期の成長戦略だ！」

「未来の競争力の源泉である研究開発や戦略事業への投資は、台所事情が苦しくても継続したい。どの有望分野にアクセントをつけて投資し、どの分野を切るか、その見極めが経営の核心である」

人生も振り返ってみれば、どれだけ自分を成長させるために投資出来たかが、核心であるように思えます。

攻守という言葉があります。

守りと攻めは表裏一体、というように理解したいと思います。

守るのは攻めんがためである、という精神を忘れてはなりません。

徒《いたずら》に守ってばかりいれば、そこには弱気の風しか吹かないからです。

最後に社説は、こう締め括《くく》ります。

「経済の現状は厳しく、多くの企業にとって業績の悪化は不可避だろう。目先の数字を少しばかり底上げしても意味がない。足元を固めつつ、いずれ危機が去り、平時に戻った時に備えて、次の成長の種を仕込んでおく。逆風の時代は、経営者の手腕の振るいどころでもある」

人生も経営です。

逆風の時代だからこそ巻き返せるのです。

気持ちに決意という電流を流して、潔く今日のテーマに立ち向かっていきましょう。

私は一体何を待っているのだろう

知らない、分からないという事と、愚かは別問題です。

愚かな事を続けていて、良い結果を期待しても、それは無理というものです。

こうしたい、こうなりたいと思うなら、その道でさっさとプロになると決めてしまいましょう。

人としての在り方が、人生という扉を開く鍵となる事は言うまでもありません。

出発において、人としての在り方がアマチュアでは、お話にならないのです。

人生は出来るか、出来ないかではありません。

やりたいのか、やりたくないのかです。

やりたいと思うなら、まずその分野の専門知識を、さっさと習得してしまう事が重要です。

やってしまえば、それほど大変な事ではなかったと気付くはずです。

私たちは自分が意識・無意識を通じて、何気なく考えているものになっていくという法則に、いい加減に気付かないといけません。

「私は一体何を待っているのだろう?」

と、自分に問いかけた事はありますか?

逃げても、その問題はなくなりません。

ところで、不安の対極に位置するものをご存知ですか?

それは、決断です。

決断とは何か?

それは、迷わない事です。

決断は力を与えてくれます。

決断が力を与えてくれるのは、迷わないからです。

迷えば必ず不安になります。

不安になって逃げれば、その問題はさらに複雑になって、後日必ず形を変えて戻って来ます。

ですから、逃げたら駄目なのです。

過去の奴隷となる事なく、明日という未来に向けて、今日一日を吹っ切れて生きるのだと決めた時、運命の歯車がゆっくりと回り始める事を理解しましょう。

現実は現実の一歩手前で決まる

経済は心理学です。

人はある状況を見て、景気が良くなりそうと思うと、お金を使いますから、景気は良くなります。

人はある状況を見て、景気が悪くなりそうと思うと、お金を使いませんから、景気は悪くなります。

ここでのキーワードは、「……そう」という二文字です。

「……そう」ですから、まだ現実には起こっていません。

人は何かを決定しようとする時、現実の一歩手前で決めています。

即ち、現実は現実の一歩手前で決まってくる事が多いという事です。

現実の一歩手前とは、その問題の眺め方をいいます。

ですから、行き詰まった時は、その問題の見方、眺め方を変えてみる事が大切です。

やってもやらなくても大差ない事は、一度思いきって止めてみる。

これを、「劣後順位」といいます。

優先順位は、この劣後順位があって、光を放ちます。

迷った時は、捨ててみましょう。

時として人生は、何をやるかよりも、何をやらないかを決断する事の方が、はるかに進展する事があるからです。

人は原理主義的な何かのなかに生きていると、知らず知らずのうちに心が萎縮し、そこにいなくては自分が存在出来ないかのような幻想の檻に囚われてしまう時があります。

進化・成長とは、そうした檻から自分を解放する事です。

それは、自分は何に囚われているのかを知る事から始まります。捨てるものがハッキリと見えた時、人は囚れの檻から出る事が出来ます。

ですから、決断とは捨てる事なのです。

結局人生はやったかやらなかったかだけ

決断とは迷わない事！

人生には、ここ千番一番の勝負処があります。

ここ千番一番の勝負処とは、相撲に例えれば、普段千回勝っていても、優勝決定戦の一番で敗れたら、何にもならないというような意味です。

いつまで経っても「もうちょっと！もうちょっと！」の人がいます。

もうちょっとで出来たのに！

もうちょっとだったのに！

こういう人は、この「もうちょっと、もうちょっと」で、人生が過ぎて行く事を知りません。

賢者は、ここぞの時を決して外しません。

ここぞの時にこそ、打って出ようとします。

賢者は誰が何と言おうが、人生は勝負である事を知っています。

勝負とは好守のバランスを指します。

守るべき時はしっかりと守る。

攻めるべき時は、恐れず果敢に打って出る。

迷ったら行く。

守る時は守りきる。

賢者は、ここぞの時を明快に判断するのです。

どうせ飛び越えなければならない谷ならば、そこで迷って先延ばしにして違うルートを選んでも、結局後日、同じような谷を飛び越えなくてはならなくなる日が来る事を忘れてはなりません。

進むのか、引き返すのか。

迷っているのは、進める可能性を心が感じているからです。

迷ったら行く！

行くと決める事が出来れば、その瞬間に迷いは消えます。

結局人生は、やったか、やらなかったかだけです。

決断とは、迷わない事！

さあ、今こそここぞの時です。

どのレベルで自分がやろうとする事を信じているか

決断とは嵐の中を進む勇気です。

ひとたび歩み出したら、逆風逆巻く嵐の中を一人征く気概を持ちましょう。

成功している人に１００％あって、成功していない人に１００％ないもの。

幸せになっている人に１００％あって、幸せになっていない人に１００％ないもの。

それは「覚悟」です。

うだつの上がらない人に共通するものは、覚悟の欠如である事を覚えておきましょう。

覚悟と、匹夫《ひっぷ》の勇は違います。

匹夫の勇とは、思慮の浅い者が血気にはやって振る舞う、取るに足らざる小勇を意味する故事です。

状況を無視して破れかぶれで突撃する事を、覚悟とは言いません。

それでは一体、覚悟とは何を言うのでしょうか？

覚悟とは、当たり前のレベルを言います。

どのような当たり前のレベルで、これから自分がやろうとする事を思えているかが覚悟なのです。

例えば、オリンピックで金メダルを取る人は、自分が金メダルを取る事に対して、全く不安を覚える事はないのだそうです。

それどころか、自分が金メダルを取るのは当然であり、そこに疑いが入り込む余地などまるでないと聞きます。

銀メダルは努力で取れるのだそうですが、金メダルは努力だけでは取れないと言われます。

金メダルと銀メダルを分ける、決定的な要素とは何なのでしょう。

それが、当たり前のレベルという名前の覚悟なのです。

それは、どのレベルで自分がやろうとする事を信じているのか、という事に通じていきます。

それでは信じるという事に通じる、究極の当たり前のレベルとは何か。

それは、とてもシンプルなメンタリティーのなかにあります。

例えば、あなたが女性であるとします。

女性であるあなたが今まで人生を生きて来て、信じて疑った事のない当たり前の事。

それは「私は女である」という事です。

女性であるあなたにとって、そんな事はあまりにも当たり前過ぎて、わざわざ語るにも値しない真実。

「私は女だ！」

このレベルで金メダルを思えている人しか、オリンピックで金メダルは取れないというのです。

自分がやろうとする事に対する一番目の仕事は、早くこの域に、自分のメンタリティーを引き上げる事です。

結局人生を決定するものは、何を当たり前と思っているかである事を忘れてはなりません。

何があっても明日に持ち越さない

「決める！　動く！　メゲる！」、これが成功の三拍子です。

たった一度の人生を雇われ発想で生きようとすれば、その人は「指示待ち人間」となって、指示されなければ何も行動出来ない人間になっていきます。

人生をオーナー発想で生きようと決めれば、その考え方の出発点は、全ての事において「自分で決めて自分でやる！」という自発的な態度へと変わっていきます。

雇われの仕事は人から指示された事を、自分の意見を差し挟まずに、黙って指示された通りにこなす事です。

一見ラクそうに見えますが、そういう流れのなかで毎日を過ごしていると、それはそれで当人にしか分からない辛さが積み重なっていきます。

その辛さをずっと我慢し続けていると、心か身体のどちらかを、必ず患う事になります。

一方、オーナーの仕事は簡潔です。

オーナーの仕事はただ一つ。

それは「決める事！」、これだけです。

そして、決めたら全て自己責任という大前提の元で、脇目も振らずに決めたその一つの事を、ゴールを切るまで徹底的にやり続けるのです。

雇われの発想は「こなす」事であり、オーナーの発想は「達成」する事にあります。

「決める」という事は、何をするかという事ではなく、何を切り捨てるのかという事から始まります。

今まで「それが当たり前だから」と思って、何にも考えずにスルーしていた行動を、再点検する事から始まるのです。

やらない事を明確にした上で、今の状況を根底から打開する行動は、一体何なのかと真剣に考える。

そして、何を新しく実行するのかを決定するのです。

決めたら、迷わず動き切る。

その時に、人からどう思われているかなどと気にしている自分がいたら、それはもう戦わずして負けています。

「戦《いくさ》で迷うは命取り」である事を忘れてはなりません。

真剣に動けば動くほど状況は千変万化して、これでもかとばかりにあなたを試してきます。

どんな鉄人でもメゲる事があるという事を、考え方の糊代《のりしろ》として持っておきましょう。

メゲるなら、徹底的にメゲる。

後悔するなら、徹底的に後悔する。

しかし、一つだけ「鉄の誓い」を自分と約束しておく事が重要です。

それは、何があっても明日に持ち越さないという事です。

今日メゲても、明日は新しい気持ちで凛として決断するのです。

決める！

動く！

メゲる！

この三拍子を積み重ねていく事が、何人も避けて通れない成功への道程なのです。

悩むのはあなたが凄くないから

「常在戦場《じょうざいせんじょう》」という言葉があります。

元々は武士がその本分を忘れない為に、いついかなる時も、例えばお酒を飲んで楽しく興じている時でも、我が主君を守るために心は常に戦場にある、といった意味で語られていたそうです。

何事かを成さんと固く心に誓った人の、その栄光への歴史を冷静に見てみると、たどり着くまで、いやたどり着いたらなおさらの事、その一日一日24時間の意識に、全くといっていいほど境目がなかった事に気が付きます。

ここからここまではプライベートで、ここからここまでは仕事というような、そうした境目がないのです。

それどころか一日全部、目覚めている時は全部仕事で、その中にプライベートのような事があるといった感覚です。

凄くなりたいと思うのなら、この種の〝病気〟にかかってしまった方が早いようです。

こう言うと「いやいや、私は凄くなんてなろうと思わない」という声が聞こえてきそうですが、本当にそうなんでしょうか？

ストレートに言います。

あなたの中で、何か晴れない気持ちがあるとすれば、その大元にある大きな原因のひとつは、あなたが〝凄くない〟という事実なのです。

凄くないから、つまらないトラブルや、やりたくもない事や、さほど意味のない競争に巻きこまれて疲れてしまうのです。

あなたは本当は、何かで凄くなりたいのです。

少なくとも少年・少女時代は誰かのために夢を実現して、凄くなろうと思っていたのです。

ごちゃごちゃ屁理屈を並べてないで、凄くなりましょう。

いいですか。凄くなるんです。

そうすれば、今悩んでいる事の大半は消えて無くなりますから。

凄い人には、ある特徴があります。

何もしない人には、とても理解する事の出来ない〝病気〟にかかってしまっているのです。

「夢中病」とでも言うのでしょうか。

その病気にかかると、「ねばならない」とか「……するべきだ」とかいう発想が湧かなくなります。

何故でしょう？

答えは単純です。

楽しいからです。

自分の今している仕事が、楽しくて楽しくて仕方ないのです。

人は究極、何のために生まれて来たのでしょうか？

きっとそれは、自分を証明するためなのだと思います。

あなたがあなたである事を証明するために、あなたはこの世に生まれて来たのです。

ですから、自分を証明出来る仕事と廻り合えた人は幸せです。

それこそが、使命を超えた「天命」だからです。

「天命」とは何か？

それは、あなたが今まで生きて来て、何度も何度ももう止めたい、もう止めたいと思いながらも、止められずに今まで続けて来た事の延長線上に、今もしっかりと息づいています。

好むと好まざるとに係わらず、人は「天命」からは逃れる事は出来ません。

これは、とてもとても深い「法則」です。

この「法則」を受け入れた時、人は成功の門に入るのだと思います。

滅びの導火線

あなたは、その問題を悩みたいのですか？

解決したいのですか？

それとも、あなたはその問題を心配したいのですか？

あなたは、その問題で悩んでいるのですか？

それとも、迷っているのですか？

そもそも、何故問題が起こるのか考えてみた事はありますか？

それは、あなたが進もうとしているからです。

あなたが諦めていないから、問題が起こるのです。

いついかなる時も大切な事は、問題は進む者にしか起こらないという、動かし難い事実を忘れない事。

何故ならば、その一点こそが、あなたがあなたとして存在するための出発点だからです。

進まんがための問題という、岐路に立った時に心しておくべき観点があります。

それは、思い通りにいく事と、うまくいく事は別ものだという事です。

何故人は、問題が起こると振り回されるのでしょうか？

それは、自分の思い通りに事が運んでいないからです。

自分の思い通りに事が運ばなくても、うまくいけばいいのです。

リーダーたる者には、この達観がなくてはなりません。

大事な時ほど、大きくとらえて大きく回す全体観が必要です。

細かい事のひとつひとつに引っ掛かっていると、感情という情念がシャシャリ出て、うまくいく事より思い通りにいく事を選択してしまう時があります。

これが、滅びの導火線に火を付けるのです。

大事な時ほど、落ち着いて全体観で勝負する。

仮に今日敗北の憂き目を見ても、この敗北こそが一年後二年後の勝利の糧となる、不動の信念に変わるのだと解釈出来る心胆を、日々創り上げていきましょう。

さあ、今日からは自分の思い通りにいかない事で悩むのは、もう止めにしましょう。

大丈夫！

全ては予定通りに動いています。

失う事を心配してはいけない

天才も繰り返される事には負ける！

繰り返しこそが、力です。

繰り返しは、その人の生き方の原則になっていくからです。

古来から優秀な人物には、皆例外なく原則がありました。

あなたは、自分自身の原則を持っていますか？

このラインからはみ出したらファールという、ファールのゾーンを持っていますか？

やると決めた事は毎日やる。

やらないと決めた事は、絶対にやらない。

出発点は、こうした具体的な行動の原則となるラインを持っているかどうかです。

そうした原則を持って成功へのスタートラインに立つ時、まず確認しておくべき事があります。

それは、自分は弱い人間なのだと、潔く認めてしまうという事です。

弱くて、たいした才能もなくて、お金もたいして持っていない。

そんなあるがままの自分から出発するのだと、等身大の今の自分を受け入れてしまう事です。

等身大の自分を受け入れるとは、感情を入れないで、今の自分を客観的に見つめる事に通じます。

等身大の自分を冷静に観察出来れば、それは己を知る事につながります。

敵を知り己を知れば百戦危うべからず、なのです。

等身大の自分を心の鏡に写した時、何もない自分であるが故に手にする事の出来る力が、自分の中にある事に気付きます。

何もないが故に手にする事の出来る力とは、一体何なのでしょう?

それは、開き直りという力です。

開き直りの力は、吹っ切れた捨て身の行動を呼び覚まします。

捨て身で戦う人を向こうに回して、敵《かな》う人など、そうそういるものではありません。

人生の勝負処では、捨て身という精神力が、最後の砦となるからです。

毎日をボンヤリ生活している者が、最後の砦となる精神力を、ここ一番の勝負処でいきなり発揮する事など出来るはずがありません。

ですから毎日原則をしっかりと持って、やるべき事をやりきり、やらないと決めた事は絶対にやらないと意識する事が肝要なのです。

まっ、いいか。

この発想が全ての乱れの元凶となる事を、忘れてはいけません。

一事が万事なのです。

あいまいな自分の意識をハッキリさせて、気持ちをごちゃごちゃさせないで、シンプルにやるべき事をやりきりましょう。

それでうまくいかなかったとしても、元々何もなかったのですから元に戻っただけの事です。

また一からやり直せばいいだけの事です。

事に着手して、失う事を心配してはいけません。

開き直りの力の前には、失うものなど何もないからです。

明日を変えたいのなら今日を変える

本気で決めた事が、今までの人生において何回ありましたか?

本気で決める事が出来ると、やるべき事が具体的にパッパッパッと連続的に見えてきます。

その瞬間に、行くべき道筋も、驚くほどハッキリと分かってきます。

本当に決めるとは、〝リアル〟という事です。

ああだこうだと言って、何もやっていないくせに出来ない理屈を並べる人は、観念論の人です。

観念論の人は、いつまで経っても変わりません。

いつまで経っても変わらない人に共通するものは、リアルな思いとリアルなエネルギーに、決定的に欠けているという事です。

大切な事は、リアルに物事をとらえ、リアルに考えているかという事。

人生の勝負処を行く感覚は、〝ギリギリ〟の四文字の中に隠れているリアルさです。

転機という峰を越えていく翼は、ベタなギリギリの泥臭さを伴った決意以外にありません。

泥臭い単調な代わり映えしない作業を、内に闘志をたたえながら、どれだけリアルに繰り返せるか。

明日を変えたいのなら、今日という一日を変える事から始める以外にありません。

今日という原因を具体的に変えて、はじめて明日という結果が変わるからです。

今のままじゃ駄目！

変わらなければ届かない！

このリアルな実感こそが、明日を変える決断なのです。

リアルな決断は、瞬間瞬間の判断を変えます。

瞬間瞬間の判断の変更は、意識の変更をもたらします。

意識の変更は、姿勢の変更につながっていきます。

意識が変わり姿勢が変わって、行動が変わり人生が変わり始める事を忘れてはなりません。

心の平穏は戦う人生の中にしかない！

現実は思いの投影です。

ですから、まず自分自身の思いを変えない限り、現実という映像は変わりません。

「粘り強く！　より粘り強く！　さらに粘り強く！」

チャーチルの至言です。

強い思いは、集中力に変化します。

集中こそが力です。

ですから単なるだらだらした継続は、力にはなりません。

一ヶ月のスケジュールの中で、今月はどこが最大のヤマ場なのかを、まず自分が明確に理解しているかをチェックしましょう。

その上で、集中するところは集中してやる。

そして、息を抜くところは息を抜いてリラックスする。

メリハリを付けた意識した継続こそが、集中力の意味するところなのです。

出発点は、知識より意識。

スキルよりウイル。

事実より真実です。

闇が深ければ深いほど、夜明けは近い事を知りましょう。

春の来ない冬など、絶対にない事を理解しましょう。

逆境は必ず、時を得て次の時代を開く力となります。

ですから、何があっても目標は変えてはいけません。

変えるのは、やり方と発想です。

しつこさと熱心さは紙一重ですが、やり遂げる目標に対しては、しつこさや熱心さ程度の思いでは、まだまだ足りません。

やると決めた目標に対しては、執念を持ってやるのです。

執念とは、しつこさ＋熱心さ＋捨て身の集中力です。

やると決めた事は、断じてやるのです。

この五体を、大地に叩《たた》きつけるような気迫でやりきるのです。

他人の目なんて気にしてたらアウトです。

今日一日、これとこれとこれはやる！
絶対にやる！
そう決意して、今日という一日と真っ向から渡り合っていきましょう。
運命は、勝負の舞台から降りる者を相手にしません。
何があっても、やると決めた目標は変えてはいけません。
変えるのは、やり方と考え方だけです。
目標は絶対に変えない。
このこだわりだけが、人を成長させるシンプルな方法です。
これが執念です。
何があっても、勝負の舞台から降りてはいけません。
勝負の舞台から降りてしまえば、宇宙がその人間を見放すからです。
そこで手にする報酬が、ひとつだけあります。
それは、不安です。
勝負の舞台から降りた者が受け取る報酬は、不安以外にありません。
自分の人生と勝負しないで、いつも逃げて逃げて逃げて、何かある度に逃げて……。
その先に希望などあるはずがない事に、いいかげんに気付かないといけません。
心の平穏は、戦う人生の中にしかありません。

逃げた先にある一瞬の安堵感は、不安という代償を要求するのです。

何故ならば逃げた者に、真の仲間など居るはずがないからです。

共に戦う仲間を失えば、そこに残るものは不安しかありません。

仲間と友達は違います。

ここが分かっていない人が沢山います。

仲間と友達は、一体どう違うのでしょう?

それは、友達とは環境でたまたまつながった人間関係であり、仲間とは価値観でつながった人間関係であるという事です。

ですから、友達は環境が変われば簡単にお別れが来ます。

しかし、仲間は入れ替わりません。

真実の出会いとは、価値観を共有する仲間とつながる事であり、そうした出会いに別れは来ません。

仲間を得る事こそが、心の平穏を得る事です。

ですから、やると決めた事を、やりきる自分を創り上げていきましょう。

今日一日をこなすのではなく、達成する一日に変えていきましょう。

アマチュアは、こなす一日。

プロは、達成する一日だからです。

第4章

前進

最初に乗り越える壁は囚われの我

あなたは、一体何から逃げているのですか？
あなたは、一体何を守ろうとしているのですか？
あなたは、一体何を慌てているのですか？
あなたは、一体何に怯えているのですか？
あなたは、一体何を分かってもらいたいのですか？
あなたは、一体何に腹をたてているのですか？
あなたは、一体何が気になっているのですか？
あなたは、一体何に囚われているのですか？
幸せに生きる人が最初に乗り越えた壁は、「囚われの我」という壁です。
何故、いつもいつもちょっと何かをする度に、簡単に傷付くのでしょう？

もういい加減、あなたを嫌いな人に、自分を売り込むための努力はやめましょう。

人はあなたが断固とした態度を持った時に、はじめてあなたを受け入れるのです。

人からどう思われているのか。

人からどう思われたいのか。

そうした人生の神経衰弱ゲームは、もうやめにしましょう。

ハッキリ言います。

世の中は、光と影の五分五分です。

ですから世の中は、ナイスが50％と、そうではない人が50％です。

有精卵50％と無精卵50％なのです。

賢者の最大の恥辱は、愚者に誉められる事です。

今日は、更にハッキリ言います。

愚かな振る舞いを続ける人と一緒にいると、こちらの具合が悪くなってきます。

あなたがどれだけ成功しても、あなたを嫌いな人は、どこまでもあなたを悪く言うのです。

あなたを嫌う人を気にしたら、もう人生はそれだけで台無しなのです。

「囚われの我」を削ぎ落として、人生をシンプルなものにしましょう。

「囚われの我」を削ぎ落とす努力を続ける事が、日々の雑事に流されずに、自分らしく生きる基本になるからです。

人生は失うから進める

人生の不幸は、脳ミソを止めた瞬間から始まります。

思考を止めると、弱気の虫がムクムクと頭をもたげて来るからです。

世の中の大半の人たちは、安全な道を行こうとする安易な選択が、結局は茨《いばら》の道を歩む事になるという事の恐ろしさを、真に理解しようとはしません。

実は人生に、安全な道などありません。

あるのは賭けだけです。

無難な人生は、波乱の人生！

これが真実です。

人生の門に入る時は、直観という唯一無二の究極の力に、覚悟というスパイスを振りかけて進む以外にありません。

今、変わらなくては！

そう思った事が、宇宙という大いなる存在からの啓示です。

あなたは、本当はたどり着きたいのです。

でも何かが足りなかった。

その何かは、もう本当は、あなたには分かっていますよね。

その理由は簡単でした。

ほんの少しだけ、勇気と覚悟に欠けていたのです。

やった事で得る何かと、やった事で失うかもしれない代償を覚悟していなかったのです。

いいですか。

今から言う事を、心して聞いてください。

「人生は失うから進める！」

傷つくかもしれないから、成長出来るのです。

覚悟の川を渡りましょう。

いっその事あなたが結果を出すまでは、世の中の全てが、あなたにとって逆境なのだと覚悟してしまいましましょう。

世の中は残念ながら、そのほとんどが現金なものと言わざるを得ません。

プロセスという覚悟の川を渡ろうとする、孤高の人の崇高なスピリットを、平均値という物差ししか持たない世の大半の人々は、そう簡単に理解しようとはしないからです。

そうは分かっていても、人は何故疲れてしまうのでしょう？

それは、身体が疲れたからではありません。

心が止まったから、疲れたのです。

心さえ前を向いていれば、本質的な疲労感はありません。

生きる基本は、とにかく前へ、前へ。

弱気は最大の敵である事を、肝に銘じて進みましょう。

心を止めない！

生き残りではなく、勝ち残る！

その為の戦略の真ん中にあるものが、強気というメンタリティーなのです。

強気の失敗はあっても、弱気の成功はありません。

怯《ひる》む心に力は宿らないからです。

失う事を恐れて、前進する事はできないのです。

迷ったら強気！

大丈夫、本当に大切なものは、例えその時失ったとしても、心さえ前を向いていれば、後日必ず形を変えて戻ってきますから。

ひとつ上をいく精神力

トップへと続く階段はいつも挑戦です。

もっと上へ、もっと上へ、という気持ちが勝敗の分かれ目になるのだと、一流のアスリートを見る度に感じます。

気持ちと勢いがしっかりと準備された時、運がニコッと微笑みます。

迷ったら原点に戻る！

勝ちを狙うのではなく、今の勝負に一点の曇りもなく集中する！

苦しみを吹っ切る力。

頑張る事の意味。

その先にある感謝する事の意味。

アクシデントや最悪の状況の中で、一歩進める自分をどう作り上げるか。

真の勝者は、１００％の状態（コンディション）の自分などない事を知っています。

勝負の鍵はいつもいつも、気持ちの切り替えである事を、真の勝者は知っています。

彼らは、自分が何をするのかを宣言しました。

彼らは、自分が何者なのかを宣言したのです。

そして彼らは、逃げ場がない時は、自ら退路を断ちました。

そうして皆の期待を背負って、勝負の舞台に立ったのです。

皆の期待を自ら背負ったからこそ、プレッシャーという重圧がかかりました。

その圧力・負荷が、栄光という舞台を用意したのです。

緊張がありながらも、引き締まった彼らの表情を通して、「ひとつ上をいく精神力」の獲得こそが、人生の醍醐味なのだと、私たちに教えてくれているようです。

勝ち負けを超えて戦いきった人間だけが、最後に晴れ晴れと笑う事が出来ます。

一度しかない自分の人生を、必ずや栄光の舞台にするのだという決意の眼《まなこ》を持って眺めれば、そこに展開される出来事は、意味に溢れた事ばかりです。

究極の力

心ここにあらずが、一番よくありません。

誰かを見れば、誰かに影響されて、自分の強味を見失う。

自分は今まで何をやってきたのかと、自分の人生とは関係ない誰かを見て、意味のない反省をして墓穴を掘る。

心が今にないと、気持ちがこうして乱れていきます。

心を甘くみてはいけません。

心を軽くみてはいけません。

心を見くびっていると、心が好き勝手に暴れ出すからです。

ありもしない未来の漠然とした不安に、暴れ馬と化した心が「真実味」というまやかしの調味料をふりかけて、あなたから落ち着きを奪います。

過ぎ去った過去をあれこれ掘り起こして、痛烈な悔恨《かいこん》の情を、あなたに植え付けようとします。

やがてこの暴れ馬は悪魔と化して、あなたが落ち込むのを横目で見て、満足気にニンマリしているのです。

心の奥にあるものが意識です。

不安になった時は、対処療法では駄目です。

何故、不安なのかを知りましょう。

それは、心が今にいないからです。

心を意識で、今に引き戻して下さい。

では、どうしたら心を今に引き戻す事が出来るのでしょうか。

それは、他人事《ひとごと》で、自分の心の状態を観察すればいいのです。

あっ、今わたしは不安なんだ！

あっ、今わたしは緊張しているんだ！

不安なら、その不安から逃げないで、とことん不安な気持ちに集中するのです。

緊張したなら、その緊張から逃げないで、とことん緊張した自分に集中するのです。

心を散らさずに、ただひたすら観察する。

観察という行為が、何処かで浮気をしていた心を正気に戻すのです。

そして、正気に戻った心は意識の従順な下部《しもべ》として、過去でもなく、未来でもなく、只今この時に帰って来ます。

それは、自分自身の意識で感情を統治出来る究極の力へと進化していきます。

究極の力とは何か。

それは「集中力」です。

今に集中しましょう。

過去もなく、未来もなく、没頭没我の境地で、今にとけこむのです。

恐怖はその時、消えてなくなります。

恐怖を野放しにしてはなりません。

恐怖をいい気にさせてはならないのです。

何故ならば、恐怖とは究極の妄想だからです。

妄想ですから、本来あるはずのないものです。

それを勝手に想像して、そこに不可能という限界を自ら創り出す事くらい馬鹿馬鹿しい事はありません。

妄想を見るのではなく、勇気を観ましょう。

今に集中する！

集中こそ、人生を進める究極の力である事を忘れてはなりません。

負荷が人を磨く

「過去を一切振り返らず、いつも今日を一として、未来だけを見て進んできた」
オリンピックゴールドメダリスト、荒川静香さんの言葉です。
運命は、本気で人生に挑む者を見放す事はしません。
ですから、何があっても、前へ、前へ！
勝負の時に迷えば、命取りになります。
迷いが一番いけません。
悩むと迷うは、全くの別物です。
悩みは成長するための登竜門です。
如何なる道であれ、悩まずして目的に到達した人はいません。
しかし、悩むなら前向きに悩みましょう。

後ろ向きに悩んではいけません。

悩むなら何があっても前へ前へと、駒を進めながら悩むのです。

悩むと迷うは違います。

どれだけ迷っても、人生は変わらないからです。

光は、戦う者の心に存在します。

闇が深ければ深いほど、夜明けは近い！

これが法則です。

本当に悩んだ時が、伸びる直前なのです。

自分が目指す事に、毎日真剣に心を傾けているか。

ここが一番大切な観点です。

真剣に心を傾ければ、進もうとする方向に負荷がかかるのは当然の事と心得なくてはなりません。

進むと決めたのなら、心して下さい。

負荷が、人を磨くのだという事を。

負荷が、凡物を玉に変えるのだという事を。

毎日、シンプルにやるべき事をやりましょう。

やると決めた事が、出来ている自分を創り上げていきましょう。

心の刀

意識は心の刀です。

刀がどれだけ斬れても、使う人が臆病ならば、その刀は竹筒に負けるでしょう。

意識を鍛えるものは信念です。

信念の信とは、信じるという事。

信じるとは、人の言う事を素直に受け取る姿勢を言います。

姿勢とはキャパシティーであり、その人物の素地でありインフラです。

信じるとは、盲信する事ではありません。

信じるとは疑わない事です。

自分のやっている事に疑いがあれば、もうそれだけで力は出ません。

信じる道を行かない限り、成功も幸福もあり得ない事を、歴史が私たちに語りかけています。

念ずるとは、今、その瞬間に心を傾ける集中力を言います。

今、目の前にいる人に心を込めて接していく。

今、目の前にいる人に心を込めて語っていく。

人生は、やっぱり信じて頑張る事に尽きるのです。

信じて頑張るとは、只今この場所が、我が人生の最前線なのだと自覚して、覚悟して立ち向かう行動そのものです。

さあ、今日という新しい一日が始まりました。

昨日までの事は、昨日までの事です。

良い事も、悪い事も、過ぎ去った事は全て過去。

余韻は10秒もあれば十分です。

少しくらい良い事があっても、悪い事があっても、いちいち一喜一憂しないで、淡々と我が道を歩める人が本物です。


〝いつの時代も真の強者は、戦いの終盤戦を見据えて、今日の一歩を進める！〟

自分を他者の思惑から解放する

成功の反対は失敗ではなく、何もしない事です。

何もしない人生、即ち無難な人生は、結局最後は波乱の人生へと変化していきます。

無難に生きようと考えたところから、思考停止に陥るからです。

いつもいつも、思い切り生きられない生き方をしてしまうとしたら、その理由は一体何なのでしょうか?

それは思考停止した脳が、他者の思惑で動いた結果、そのような生き方に行き着くからです。

少しくらい良い事があっても、悪い事があっても、いちいち一喜一憂しないで、淡々と進んでいく事が大切です。

自分を、囚われの我から解放してあげましょう。

他者のネガティブな発想を、モノともしない自分をイメージして前進していきましょう。

他者に自分の人生を否定されるより、自分で自分の人生を否定している事の方が、よほど恐ろしい事だからです。

座して敗れるより、打って出ましょう。

人生は、やったか、やらなかったかだけです。

ただそれだけです。

やらなければ、積極的に仕掛けていかなければ、何も起きません。

一滴の水が意志を持つ時、大河となる可能性が生まれます。

今日という一日に意志を乗せて、目先の結果を気にせず、今日一日の課題に全力投球していきましょう。

やった結果ではなく、やると決めたプロセスに全力投球するのです。

一つ一つの結果を敏感に気にしていると、心の花粉症になってしまいます。

成長への真の勝負のフィールドは、プロセスにあります。

結果よりプロセス！

その勝負の積み重ねのなかに、やればできるという、我が人生を自発的に肯定する信念が生まれる事を忘れてはなりません。

今この時この場所こそが人生の最前線

神は言った。

「今こそおまえの望みを叶えてやろう」

男は返す。

「どんな願いでも叶えてもらえますか？」

「どんな願いでも叶えてあげよう。但し、ひとつだけ条件がある」、神は応える。

「条件とは何ですか？」

「それは、きみが築き上げた富だ。その富の全てを白紙に戻す」

男は考えた。

思えばこの世に生を受けてはや80年。

やるべき事はやったと思う。

しかし、今棺桶に片足を踏み入れてみて、まだまだやれたのではとも思う。

自分の人生を振り返った時、何処かに悔いが残っているのだ。

「さあ、どうするのだ？　きみは功成り、名を遂げ、富を築き、友を得て、何不足なく生きてきた。その褒美として、今まさに召されんとしているこの時に、願いを叶えてやろうと言っているのだ」

神は静かに、しかし言葉にしっかりと力を乗せて語る。

その時、男は思った。

もし願いが叶うなら、もう一度若き日に戻って、思い切り人生をやり直してみたい。

躊躇《ちゅうちょ》なき、チャレンジに満ちた日々を生きてみたい。

今、自分が持っている富など、無くなっても構わない。

どうせ無一文から始めた事だ。

「神様、ぼくをあの若き日の自分に戻して下さい！」

「本当にいいのだな。あの貧乏な悪戦苦闘の日々に戻るのだぞ」

「はい！」

男はキッパリと言った。

神は、男を深い眼差しで見つめながら、小さく頷く。

その瞬間、パンという大きな音と同時に、雷鳴のような轟きが男を包んだ。

男は目を覚ます。

そしてそこに、昨日と変わらない自分を見た。

そうか、功なり、名を遂げて、それでも人は死を迎える。

その時望む事は、今のこの若き自分に返りたいという事だったのか。

毎日が悪戦苦闘の連続だけど、ここを逃げないで頑張る事が、自分に与えられた人生の意味だったんだ。

人生の醍醐味は、挑戦する事。

生きて、生きて、生き抜く事なんだ。

命は神様からの預り物。

腹を据えて、躊躇《ちゅうちょ》せずに進んで行こう。

今この時この場所こそが、ぼくの人生の最前線だったんだ。


〝人生とは、目的に満ちた経験である〟 ――エドガー・ケイシー――

昨日までの事は
昨日までの事

人生誰と出会うか、何と出会うか。
人生誰を選ぶか、何を選ぶか。
人生誰に決めるか、何に決めるか。
人生誰に賭けるか、何に賭けるか。
人生誰に委ねるか、何に委ねるか。
人生は、ある意味で博打です。
だから賭けなければ勝てません。
人生は勝負です。
だから時に、リスクを取らなければ勝てません。
残念ながら、弱気の人に明日はありません。

全てを切り開く原点は、強気の行動からしか始まらないからです。

〝立ち向かっていく楽観主義。大切な事は、今日の一歩を力強く踏み出す事なのだ〟と、
小渕元総理は言いました。

昨日までの事は、昨日までの事です。

サッサとリセットして、今日から新たな一歩を踏み出しましょう。

何か一つをやりきっていく一日にしていく事を、強く意識する事が大切です。

何故ならば、やりきったという実感だけが、明日への確かな自信につながるからです。

昨日と今日の連結を取り違えてはいけません。

明日と今日についても同じです。

過去もなければ、未来もない！

あるのは今日という一日だけ！

そう真に理解出来た時、あなたは新しい希望のシナリオを人生というキャンバスに描く事が出来るのです。

昨日という過ぎ去った過去に囚われ、明日というまだ来てもいない不確かな幻想に怯える事の、如何に馬鹿げた事か。

人生は、常に今にしかないという事を知りましょう。

今をないがしろにして明日を夢見ても、そこには何も構築されていかないからです。

失敗は予期せぬ幸せの始まり

〝さあ、出発しよう。悪戦苦闘を突き抜けて。

決められた決勝点（ゴール）は、取り消す事は出来ないのだ〟

不世出の哲学者タゴールの箴言《しんげん》です。

チャンスはいつも、ピンチの顔をしてやって来ます。

ですから、失敗は予期せぬ幸せの始まり。

こうポジティブに解釈して、起こってきた現象を絶好の波ととらえて、サーフィンを楽しむが如くに、自分自身のエネルギーに変えていきましょう。

ネガティブな現象に、囚われて足踏みしてはなりません。

人生は囚われたら負けと心得る事！

これだけで、前に進む事が出来るからです。

遅さは罪

人と出会いたいのは、未来の自分と出会いたいからです。

何かを探しているのは、未知なる自分の可能性を探しているからです。

未来という未知なる領域に進もうとしない限り、必ず心のどこかが腐ってきます。

進むためには、勇気が必要です。

進もうとする時には必ず障害が立ちはだかり、あなたに、ためらいと不安を与える事を想定しておかなければなりません。

そのためらいと不安は、やがて迷いとなって、あなたの行動を遅らせていきます。

ここで、一つ心しておかないといけない事があります。

それは、行動の遅さは「罪」であるという事です。

伸びない人の特徴は、とにかく行動が遅いという点に象徴されます。

運とはタイミングの異名です。

行動の遅さは、それだけでタイミングを外して、チャンスそのものを台無しにしてしまいます。

躊躇《ちゅうちょ》したその時こそ、勇気を必要とする道を選択しましょう。

迷ったら、勇気の要る道を選ぶのです。

それでは勇気の要る道とは、一体どのような道なのでしょうか？

今の時代、いくら勇気が要るといっても、刀を切り結ぶような戦地を行く事などまずありません。

勇気の要る道とは、面倒臭そうな道をいうのです。

未来の自分に会いにいくためには、簡単な事ばかりしていては叶わない事を知らなければなりません。

その道で輝く人は、その域に到達するまでに、気の遠くなるような面倒臭い作業を、コツコツと素早くこなしてきたのです。

「創造的破壊」という言葉があります。

さらに前へ前へと駒を進めるために、敢えて今までの成功体験を否定する事をいいます。

良い事も悪い事も、過ぎ去った事は全て過去です。

なにものにも囚われる事なく、未来の新しい自分に会いにいきましょう。

一つの事を完結させて次の現実がある

時として、意思より意地を優先すべき時があります。

人間を最後に支えるものは、夢や考え方とかではない場合があるからです。

あなたを最後の最後、土壇場で支えるものは一体何でしょう?

ズバリ、それは意地です。

意地とはプライドであり、どうしても退けない一線であり、自分という存在を成り立たせている根本的なラインです。

自分を自分足らしめるプライドは、言った事はやるという心構えから始まります。

ですから、ひとたび口に出した事はやりきりましょう。

ひとたび口に出した事は、必死にこなしましょう。

必死でこなしていると、そこには〝潜在意識とわたし〟しかいなくなる事に気が付きます。

道を切り開く時は、必死でこなす以外に方法はありません。

ただひたすら予定を入れて、〝わたし〟と格闘しなくてはならない時が、人生にはあるのです。

ただひたすら〝わたし〟と戦う中に、一つの境地が開けてきます。

それは、やれば出来るという確信です。

やれば出来る！

この域に導く鍵は、やれば終わるという感覚です。

取り越し苦労も、繰り越し苦労も、やると言った事を途中でやめてしまった事が原因でした。

一度口に出した事を簡単に反故《ほご》にする人は、それがやがて生き方のクセとなり、命の透明度をも低下させていく事に気付きません。

人生における強敵は、やると決めた事を完了出来ない〝わたし〟なのです。

命の透明度が低下すると、それが分からなくなってきます。

そして、同じところで堂々巡りしている自分を、頑張っていると勘違いするのです。

運は動より生じます。

進化・成長は、堂々巡りという停滞の中には存在しません。

やると決めた事は、あれこれ心配しないで完了させる！

とにかく、終わらせてしまう事だけを考えましょう。
終わらせるまえに、ややこしい事を考えて足踏みしてはなりません。
心配してもしなくても、やる事さえやりきれば結果は同じです。
やる事をやらないから、ややこしい状況に陥るのです。
一つの事をやりだしたら、そこを完了するまで一心不乱に集中する。
やれば出来る！
やれば終わる！
一つの事を完結して、次の現実がある事を理解しましょう。

チャンスとは変化の異名

失敗も二度続けば、そこには必ず構造的な何らかの原因が存在します。

今の時代、普通の事を繰り返している限り、平凡なその他大勢の一人から抜け出す事は出来ません。

パッとしない人の多くが繰り返すミスは、そのほとんどが同じようなミスです。

即ち、引っ掛かる場所がいつも似たようなところなのです。

そこには、考え方に構造的な問題がある事を理解しましょう。

その構造的な問題は、心理にあります。

それはすなわち、起きてくる様々な出来事に対して、どういう態度と考え方で対処しているかという事です。

同じミスを繰り返して、同じようなところで引っ掛かっている人が持つ心理は二つです。

一番目は、「先伸ばしの心理」です。

今処理すればよい事を、なんだかんだと言って後回しにする。

さらに言えば、今取り立てて考えなくても済まされる自分自身の向こう十年のビジョンを、全く考えようとしない。

いつも、切羽詰まった緊急な事しかやらないし、考えようとしない。

その結果、一番大事な事を先伸ばしにするのです。

先伸ばしにするという事は、思考停止状態という事です。

流されるがままという事です。

二番目は、「しがみつきの心理」です。

過去の成功体験にしがみつく。

もしくは、過去うまくいかなかった事に囚われて、新しい事にチャレンジ出来ない。

このしがみつきも、思考停止状態です。

人生の不幸は、脳ミソを止めた瞬間から始まります。

世界は激動・激変・激震の時代に突入しました。

米・欧六つの中央銀行が同時に政策金利を下げる異常な世界経済の揺らぎの中で、今までの経験や発想では通用しない時代になった事を肝に銘じなければいけません。

現象の奥に潜む本質を見抜ければ、未来へ向けて大きく羽ばたくための絶好の仕込み時が、まさに今なのだと喝破出来ます。

この好機に、自らが進むべき道も決めれずに先伸ばしにする事は、自殺行為に等しい事です。

さらに、過去の出来事にしがみつく発想は、チャンスからの逃避と言っても過言ではありません。

変化に怖じけづいて、いたずらに過去にしがみつく。

チャンスとは変化の異名なのに、変化のその時に守り入る。

百年に一度の変化の時に、小手先の守りで生き残れる事などあるはずがありません。

この不況は甘くありません。

下っ腹に力を入れて、自分自身に気合いを入れて、今日一日を戦いましょう。

眠そうな間抜け顔なんてしていたら、もうそれだけでアウトです。

日々真剣勝負が出来る、魂の潔さが問われている時代なのだ、と今を自覚出来た者だけが生き残れます。

時代の輪郭がはっきりして来たら、その後の流れは早いという事を、心しておかなければなりません。

時代はついにサバイバルの時代、すなわち生き残りの時代に入りました。

考え方と行動のブランド・チェンジが、今まさに問われている時代なのです。

第5章

姿勢

内なる心に絶望を許したとき負けが確定する

勝敗は、取り組む前についています。

出来たらいいなで、出来た人は一人もいません。

軽い思いつきで、ただ単にやりたいとか、やってみようと思うだけでは届きません。

とにかくやる事！

やってしまう事が大切です。

本当にやる人は、言葉に前置きをしません。

出来なかった時の言い訳を、初めから用意したりしないのです。

出来なかったらどうしようというような、余計な予測も、やる前から立てたりしません。

人目を気にして、中途半端な行動もしません。

実はあなたが人目を気にしている時、人はあなたを全く気にしていない事をご存知でしたか？

いつも人目を気にして、その結果、自分自身を生きていない、中途半端な生き方をしている人を注目するほど、世の中は暇《ひま》ではないからです。

逆にあなたが人目を気にせず、自分自身を生きると決めて動き出すと、人は急にあなたに注目し始めます。

それはあなたから「気」、即ちオーラが出ているからです。

どれだけ凄い閃《ひらめ》き、どれだけ斬新《ざんしん》なアイデアを持っていても、モノにならない人が大勢います。

それは一体何故なのでしょう？

答えはシンプルです。

それは、断固とした態度を持っていないからです。

百万人といえども、我れは征《ゆ》く！

こうした、強い思いが決定的に欠如しているのです。

断固とした態度を持つ時、摂理《せつり》が回り始めます。

それは思いもよらない助け、思いもよらない追い風となって、あなたを目標に近づけます。

やったけど、出来なかった！

本当にそうなら、何の問題もありません。

やって駄目だったのですから、それは進むための経験と糧《かて》になったはずだからです。

しかし、出来なかった事のほとんどは、やらなかったという、とてもシンプルな原因の結果です。

結局始めからやろうとしてはいなかったというのが、大方の出来なかった理由なのです。

敗れ去る者は、困難な状況に負けたのではありません。

自らの内なる心に、絶望を許したのです。

初めから心のどこかに、決定的な諦《あきら》めを許していたのです。

根拠のない絶望を許した挙げ句に、諦めと引き換えに意味のない束の間の安堵感を得て、自分が明らかに気後れしている事を誤魔化したのです。

そうなのです。

敵は、我れにありました。

駄目で元々なのに、今まで何に引っ掛かっていたのでしょう?

さあ、只今この時この瞬間から、行動する自分へと変わりましょう。

人は皆、この気付きから自分の歩むべキ道に立ち返って、自分を取り戻すからです。

あなたに一つ言葉をプレゼントします。

やって駄目なら、もっとやる!

如何ですか?

十年経って笑える事なら今笑え

思いだしてみて下さい。

十年前のあなたを。

不安で不安で、たまらなく心配していた十年前のあなたを。

その時、あなたは一体何をそんなに心配していたのでしょう?

十年前、実はあなたが心配していたのは、十年後の今日という一日でした。

しかし、あなたは今朝目覚めて、今日という一日を迎えた時、何を思いましたか?

何かを心配しましたか?

特段、何も思わなかったはずです。

朝目覚めたあなたは、今日という一日を不安に思ったり、心配したりしなかったのです。

もしあなたが心配するとしたら、それはおそらく、今日から十年後のあなたかもしれません。

しかし、十年経ったあなたは、今日心配していた十年後のその未来を迎えた時に、おそらく何も心配などしてはいないのです。

それは保証します。

「悲劇＋時間＝喜劇」

喜劇のストーリー創りの基本だそうです。

十年前、大変な失敗をしてしまいどうしようかと思い悩んだ事も、十年時が経って、今日その失敗を振り返れば、ただの笑い話です。

もう何が言いたいのか、お分かり頂けましたか？

それは、十年前の失敗は許せているし、笑えているという事です。

そうなのです。

ですからきっと、今の失敗も、十年後には笑って許せているに違いないのです。

もしそうであるならば、「十年経って笑える事なら今笑え！」で、いいのではないかと思うのです。

不安や心配事は、いつも漠然とした未来に生きています。

ですから、その未来が今日というハッキリとしたカタチになった途端、たちどころに消えてなくなるのです。

あまり先の事を、くよくよと心配しない事です。

気持ちがしっかりと前を向いていれば、あとは吹く風に任せて大丈夫。

心を乱さず、やるべき事をやり切る事が、人生究極の技であり、あとは「出たとこ勝負」だからです。

結局はその時その時、どう感じてどう動くかしかないのです。

人生は、考えたって分かりません。

考えたって分からない事を、それでなくても、無い頭で考えるから不安になるのです。

あれこれ頭をこねくり回すより、腹を決める!

腹を決めるとは、結果を決める事です。

結果を先に決めて、原因を創るという事です。

漠然と条件・状況が整うのを待つのではなく、こうするという決然とした意志で結果を先に決めて、そして動きながら条件・状況を整えていく。ここに、一点突破の方程式が働く事を知りましょう。

心の仕掛け

成功者は書き、失敗者は書かない！

やる気は5分で消え失せます。

ですから成功している人は、その時の思い、感動、気付きを、その瞬間にその場所で書き留めるのです。

消え行くやる気を、如何に持続する本気に変えていくか。

それは、ズバリ期限です。

夢＋期限＝目標ならば、目標−期限＝ただの夢物語という解が得られます。

ただの夢物語は、いつまでも追い続ける事は出来ません。

夢に期限を付けて、目指す処をハッキリさせましょう。

期限を甘くみてはいけません。

成功している人は例外なく、行動に期限を付けています。

期限のない行動は、必ずといっていいほど漠然としています。

漠然とした行動は、漠然とした結果にしかたどり着きません。

漠然とした結果の繰り返しは、テンションダウンの入り口となります。

具体的に締め切りを付けて動くところに、命が躍動してくるという、心の仕掛けを理解しましょう。

人は命が踊り動いて、初めて自分を超えていく気付きを得る事が出来るのです。

今日一日をハッキリと明確な目標を持って、ここまでやったらOKというエンドラインを引いて、やると決めた事をやりきる一日にしていきましょう。

結果を気にするのではなく、やると決めたプロセスを意識する！

細かく結果を分析しても、プロセスをこなしていかなければ何の意味もありません。

やる気から本気へ！

それは目の前にある小さなプロセスを完了する中にしかない事を忘れてはなりません。

見方を変えると味方が変わる

やり方を変えれば、違う結果が出る事に早く気付きましょう。

エジソンは、完璧な電球を作ろうとして、９９９９回実験を繰り返しましたがうまくいきませんでした。

ある人が「一万回も失敗すればもう沢山だろう」と言うと、エジソンはこう答えたそうです。

「失敗だって！ぼくはうまくいかない方法を一万通り発見したところさ」

現実は、現実の一歩手前で決定されていきます。

行き詰まった時はデンと構えて、まずその問題の眺め方を変えてみましょう。

そこに、思わぬ問題解決のヒントが隠れている場合があるからです。

うまくいかない時は、あたふたと慌てふためいて、やみくもに動く事が一番良くありません。

そのやみくもな動きが、さらに問題を複雑なものに変えるからです。

ピンチの時ほど落ち着いて！

問題解決の基本です。

一方向から問題を眺めない！

行き詰まりに見える局面も、見方を変える事で新たな解決方法がある事に気が付きます。

何故ならば、見方を変えると味方が変わるからです。

それは、自分の心の在り方の幅を拡げる事につながります。

言い換えれば、こだわる場所を間違えていないかという事です。

行き詰まりのほとんどは、こだわる場所を間違えて、しっかりと見つめなければいけない事をスルーしている事にあるからです。

視点を変えれば、世界が変わります。

状況を打開する鍵は、視点を変えて足元を見直す事です。

見方を変えれば味方が変わる！

覚えておきたい考え方のブランドチェンジが、ここにあります。

心のシフトチェンジは走りながら

以前、青森でバーベキューパーティーをやった時の事です。

メインデッシュは、人の顔の大きさほどもある天然アワビでした。

まずバーベキューの生命線である、火起こしに取り掛かります。

炭の火付けは、まずひとつの炭をガスバーナーで、徹底的に燃やします。

このひとつの炭が真っ赤になるまで熱します。

途中うちわで、その燃えかかっている炭に風を送ります。

そうして、ひとつの炭が真っ赤に燃えた時に、その火は他の炭に伝播して、全ての炭に火が付きます。

一度炭に火が行き渡れば、一晩は燃え続けるそうです。

人を育てるのも、同じだと思いました。

素地のある一人に、集中して思いと考え方を注ぎ込む。

効率とかを考えない。効率と効果は違います。

いくら効率的にやっても、そこに効果が出なくてはやった事にならないからです。

ですから何かを成し遂げようとする時は、一つ一つ、一人一人丁寧に時間をかけて、思いを込めた行動を繰り返していかなくてはならないのです。

逆に、腐ったみかんのような人に時間をかけてはなりません。

腐ったみかんは、回りのみかんを腐らせる事はあっても、燃やす事はないからです。

ここでもやっぱり「選択と集中」です。

〝心のシフトチェンジは、走りながら〟

素地を持つ一人と巡り合うための原則が、ここにあります。

知っている事より
している事

〝人は多くを語る者を批判する。人は少し語る者も批判する。人は何も語らない者をも批判する〟

釈迦が3千年前に語った教えです。

行動すれば、そこには賛同もあれば、等分の批判もある事を、法則としてわきまえておいた方がいいですよ、という事を示唆した教えなのではないかと思います。

批判なき行動は、遊びと同じです。

人生は、観念論では動きません。

人生を動かすもの、それはただ一つ。

それは、行動です。

毎日毎日、目標と関係のある事を一つ徹底的にやり遂げていく。

弱い心を、行動先行で引っ張っていく。

〝今や世界は、行動不在の空白地帯〟と言った人がいます。

人生はやったか、やらなかったかだけなのだという事です。

〝知っている事より、している事！〟

全ての行き詰まりの原因は、行動していない事に尽きるのです。

一点突破・全面展開の気概を持って、今直面している課題に、逃げる事なく立ち向かっていきましょう。

行動すれば、必ず次の現実があります。

人生は曲り角の連続です。

ですから、曲ってみなければ次に何があるか分らないのです。

そこを恐れて何もしない事こそが、自滅への道である事を忘れてはなりません。

勇気とは、曲り角を曲がる事です。

行動を起こして、次の現実に飛び込む事です。

今という現実を次の現実に連結させて、そこに少しずつ望む未来が構築されていく事を忘れてはなりません。

笑顔に資本はかからない

一流の人物は、みな一様に笑顔をたたえています。

会った瞬間サッと笑顔を浮かべて、旧知の友であるかの如くに、パッと空気を温かく支配します。

会話の最中も隙あらば笑おうとして、相手に媚びる事なく、自然な感じで盛り上げていこうとするのです。

彼等は、人間関係の基本をしっかりと理解しています。

人間関係の基本とは、笑顔と元気な挨拶です。

古今東西の成功への手引き書を紐解いてみると、皆一様に書かれている事があります。

それは、成功するためには「まず与えよ！」という事です。

与えるというと、何か財布からお金を出してきて、それを人に与えるという印象がありますが、そんな事を言っているのではありません。

成功の手引き書とは、そもそもまだ成功していない貧乏な人に書かれたものであり、その貧乏な人にお金を出せと言ったりはしません。

貧乏から抜け出せない人の共通項の一つは、自分の頭を使って、資本のかからない事をするという発想が、なかなか理解出来ないという事です。

笑顔に資本はかかりません。

それどころか、笑顔は人を幸せにする、原価ゼロにして最大のプレゼントになります。

自分を幸せにしてくれるプレゼントをもらって、怒る人はいません。

さらに笑顔というプレゼントは、プレゼントをあげたその人のもとに返ってくるのです。

元気な挨拶も同じです。

電話がかかって来たら、どんなに気持ちが沈んでいても、元気よくテンション高く第一声をあげましょう。

脳は、行動に付いて来るからです。

面白いから笑うのではなく、笑うから面白くなってくるのです。

明るくハイテンションで振る舞うから、元気になってくるのです。

立ち居振る舞いの基本は、笑顔と元気な挨拶であり、この基本なくして、運は開けてこない事をしっかりと理解しましょう。

ポジティブ思考は、健全な危機意識に支えられて機能する

仕事において気になる事は、シビアに状況を分析しなければなりません。

厳に戒めなければいけない事は、自分に都合のよい甘い読みをする事です。

仕事というのは、必ず人が絡みます。

昨日の自分と今日の自分が違うように、人生というものは、常に不確定要素で満ちている事を知らなければなりません。

それは、時々刻々と動く状況にも同じ事が言えます。

自分の仕事は、このままいけばどういうトレンドで推移していくのか。

「人生の傾向と対策」を、大丈夫なうちにしっかりと策定しておく事が大切です。

優秀な経営者は温和な表情の奥に、常に「有事」に備えた心構えと対策をもっています。

仕事において、気にかかっている事を放置してはいけません。

場合によっては最悪を想定したうえで、その最悪を回避出来る対策を、計画的に実行していきましょう。

「虫の知らせ」という言葉があります。

「虫の知らせ」を馬鹿にしてはいけません。

こうした事を考えるのは、決してネガティブ思考ではありません。

真のポジティブ思考は、「健全な危機意識」に支えられて機能するからです。

このまま行けば避けて通れない危機が想定されるのに、「何とかなるさ」とお気楽に思考を停止する人は、「ただの陽気な人」です。

危機に無策な人は、必ず滅び去ります。

危機に、事前に対処出来る能力を研きましょう。

気になる問題に、その息の根を止める急所の一手を、事前に打つのです。

夢と希望に向かいながらも複眼の発想で、問題が肥大化する前に対処する事も、立派な人生の経営である事を忘れてはなりません。

意識の変革こそが環境をも変える

一年間くらいは何か一つ同じ事を、毎日継続してやりきる決断をしてみませんか？

人生を制する鍵は、「持続する意思」以外にありません。

今まで出来なかった事の原因、即ち敗因は何だったのだろうかと、真剣に考えてみた事はありますか？

その敗因となった理由が、何をやってもすぐにへこたれるという、不甲斐ない自分自身にあったとすれば、それはハッキリと自覚しなくてはいけません。

何をやっても自覚症状なしに、続ける事をすぐに止めてしまう。

「何故止めたの？」と問いかければ、「なかなかねぇ」と言語明晰・意味不明瞭な事を宣《のたま》われる。

思考停止はいつもの事で、目を開けたまま脳ミソが爆睡していては、運が見放すのは当たり前である事に、早く気が付かないといけません。

いつも同じ問題に引っ掛かり、いつも雑用に追いかけ回されて、忙しい忙しいとドタバタしているうちに、気が付けば何もしないで、人生が過ぎていくのです。

やらなければならないルーティンワークだけに、意識を占領されてはなりません。

人生の果実は、持続する意志に裏打ちされた「仕込み」という、未来の種を蒔いたかどうかで決定されるからです。

忙しいと感じるのは、雑用に振り回されているからです。

本当に充実した仕込みをしている時に、忙しいという感覚はありません。

それどころか逆に生命力は増して、目に力が宿り、内側からにじみ出るオーラが、あなたを凛として耀かせるのです。

何か一つ、何があっても継続してやり続ける何かを決めましょう。

「持続する意思が全て!」、こう意識に語りかけながら、目には見えませんが、あなたをあなた足らしめている命の本質を鍛えていくのです。

一人の真剣な「意識の変革」こそが、ひいては環境までも変えていく事を忘れてはなりません。

笑顔は宇宙への最高のお布施

カタチの無いものをカタチにするのが、プロ意識です。

プロ意識を持って行動している人は、見ていて気持ちが良いものです。

プロのその一つ一つの行動は、人を安心させるからです。

自分の専門領域について、素早くプロになりましょう。

この知識とこの知識が足りないと分かれば、さっさと習得してしまいましょう。

しかし、その課題に取り掛かる前に、自分で自分に呪文をかけている人の何と多い事でしょう。

「何か大変そう」「何か面倒くさそう」「いつか、そのうち」「明日から」

取り組む前に、こうした呪文にやられないようにしましょう。

取り組んでみて難しい局面に出会ったら、一人悩まないで、素直にやった事のある人に聞いてしまう事です。

やった事がない事を考えるのではなくて、やった人の考えを取り入れた方が早いからです。

そうした素直な連続行動が、自分を頑張る事につながります。

自分を頑張っている人は、自分を生きている人です。

自分を頑張っている人は、目的を外さない人です。

自分を頑張れない人は、結局は他人の目を気にしてその結果、他人の人生を歩いている事に気付きません。

それに気が付いた時には、人生の大事な目的を外しています。

自分を生きている人は、いつも活き活きハツラツとしていて好印象、好イメージです。

それは目的を外していないからです。

自分を生きるとは、作業ではなく、生き方に対するセルフイメージを上げる事です。

セルフイメージを上げる事が、未来を築き上げます。

セルフイメージの始まりは朝です。

キーワードを差し上げます。

「朝は、笑顔で！」

ここが、一日の好スタートを切る鍵です。

頬の筋肉をちょっと上に動かすだけで、人も自分も幸せな気持ちになれるのに、それをする人は多くはありません。
快心の笑顔を創るトレーニングを、毎日続けましょう。
笑顔で接っする人に、怒る人はいません。
笑顔は、自分自身と相手の緊張を解く特効薬だからです。
笑顔は、宇宙への最高の「お布施」なのです。
上手に笑えていたら、もうそれだけでセルフイメージは上がります。
愚者は、いつもしかめっ面。
賢者は、いつも笑顔。
笑顔を侮ってはいけません。

喉元過ぎれば

どんな状況も、3ヶ月で変わります。

状況は3ヶ月ワンクールと心得ましょう。

ですから、今この瞬間から3ヶ月後の仕込みを、ひとつひとつ丁寧に仕上げていく事が大切です。

どんな人にとっても、月末は決算です。

決算とは、今までやってきた事が容赦なく問われる、という意味合いを含みます。

決算の度に苦い思いをしている人は、大体が「喉元過ぎれば熱さを忘れる」人のようです。

伸びない人は、いつも対処療法的な行動を繰り返すという傾向があります。

現れた現象に対して、表面的に対処する事の繰り返ししか出来ていません。

対処はしなくてはいけませんが、その現象の奥にある根本的な原因を変えていかなければ、また来月も同じ事の繰り返しになる事を、真に理解して行動する事が大切なのです。

この決算から、今まで疑問に思わずに繰り返してきた行動を、何かひとつ変えてみましょう。

三ヶ月で状況は変わります。

三ヶ月後の劇的変化をイメージして、中期・三ヶ月計画を策定してみて下さい。

何を変えたらよいのか分からない時は、信頼出来る人に素直に聞きましょう。

真剣に求めれば、答えは必ず返ってきます。

守るべきものは、何がなんでも守りきりながら、その上で、倦《う》まず弛《たゆ》まず、生活や仕事や事に臨む態度・在り方を「カイゼン」していきましょう。

昨日よりも今日！

今日よりも明日！

「カイゼン」こそが力であり、真のリーダーたる者の行動の基本なのです。

鈍の境地

どうせやらなければいけない事は、笑ってやりましょう。

あれこれ考えても、やらなければいけない事は、それについて考えている事それ自体が無意味な事だからです。

どうでもいい事に対しては、思考を停止する事をお薦めします。

古来から成功の3要素を、運《うん》・鈍《どん》・根《こん》と言います。

その中でも、鈍が第一番目に大切だと言われている事に注目して下さい。

人物と評せられる人は、みなある意味鈍感なのです。

人生もビジネスも究極達観して眺めれば、最後はなるようにしかなりません。

人生という舞台において、努力の及ぶところと及ばないところを知っているのが、達人と呼ばれる人たちなのです。

努力の及ばないゾーンでは、細かくいきり立たない事が大切です。

感情に負けない事が大切なのです。

思い通りにいかない事と、うまくいかない事をたて分けましょう。

考えても仕方のない事には、鈍感になる。

その一方でやらなくてはならない事は、何も余計な事を考えないで笑ってやる。

人生を進めるひとつの考え方として、「鈍」の境地に迫る事も、時には必要な事なのです。

敏感さと鈍感さは、使い方を間違わなければ強力な武器になります。

しかし、使い方を間違えると、敏感さは自分を神経質な小物へと誘導し、鈍感さは思考停止へと導いていきます。

この二つを意志で使いこなす事が、「鈍」の境地へとつながっていく道をつくります。

意志とは未来への決断です。

決断とは迷わない事です。

見つめる一点がブレていなければ、それ以外の余事に振り回される事はありません。

何故ならば、その一点を外さない視点を持つ事が「鈍」の境地だからです。

魂の書庫

自分を追い込まなければいけない時があります。

又、それとは逆に自分を誉め励まし、力付けないといけない時もあります。

以前、日本男子プロゴルフ界で25勝を達成して、史上7人目の永久シード権を獲得した片山晋吾選手が、日本オープン優勝後のインタビューで語っていた事が印象的でした。

「とにかく今回は、プレー中自分を誉め続けた」

彼はピンチに立って常に自分を誉め激励し、勇気付けたと話していました。

私たちも勝負処では、こうした技を、セルフコントロールのためのバリエーションとして持っていてもよいのではないかと思います。

おまえは凄い！

おまえなら絶対出来る！

おまえに出来なかったら、他のどんな奴も出来ない！

おまえがやりきる事を、皆が期待している！

仮に出来なかったとしても、人はおまえがやろうとした事を暖かく認める！

勇気を持って、ベストを尽くせばそれでいい！

自分で自分に声かけをする。

この事をストロークと言います。

心の栄養はストロークにあります。

チャンスに力を与えて、自分の魂を高揚させるストロークを持ちましょう。

ピンチに直面して動じる事のない、自分の心を毅然たらしめるストロークを持ちましょう。

ピンチに対応するための、一考察を紹介したいと思います。

人間が生きていく上でとても大切な事は、思ってもいない出来事が起きるかもしれない事を想定しているかどうかです。

例えば、サラリーマンが突然リストラになったり、勤めている会社が倒産したりというような時、心が動揺して取り乱してしまうのは一体どうしてなのでしょうか？

それは、思ってもいない出来事も、時として起こり得るのだ、という事を想定していなかったからです。

予期せぬ出来事が起こった時に、動揺して取り乱しても何にもなりません。

ここで登場するのが、ストロークなのです。

静かに目を閉じて、我が魂にストロークするのです。

「こういう事は、起こり得る事なんだ！」と。

このストロークは、魔法の声かけです。

自分が、真にこのストロークの深い深い意味を受け取った時、ピンチに対処する力が引き出されるからです。

人間の正体は言葉です。

心にストロークという、魂の書庫を持つ事をお薦めします。

その為には、人の話を聴かなければなりません。

人の話を聴く際、注意しなくてはいけない事があります。

それは、人の話を評価して聴かないという事です。

人の話は感動して聴く！

この姿勢が、魂の書庫にストロークというかけがえのない蔵書を蓄積し、あなたに人間的な深みを与える事を忘れてはなりません。

第6章

覚悟

人は技術の向こう側にある何かに心震わす

名前は忘れてしまいましたが、ＮＨＫの「プロフェッショナル」という番組での、ある辺境《へんきょう》生物学者の語った内容がとても印象的でした。

それをまとめてみました。
☆高い山こそ、ゆっくり登れ。肩の力を抜いてこそ、届く高みがある！
☆イチかバチか。ぼくは、博打《ばくち》をするだけの価値のある仕事をしている！
☆ぼくの研究なんて連戦連敗。だから、勝つまで負ける！
☆思い込みを捨てて、思いつきを拾《ひろ》う。そこに何か意味があるから思いつくのだ！
☆楽しい。とにかく、楽しい。これが仕事の原点！
☆簡単に解けてしまう問題なんてちっちゃな問題。そんなの面白くない！
☆結局、人間は後悔する。ならば、しない後悔よりした後悔！

☆壁にぶつかった時は、ひとつの流儀を持つ。数えきれない程の失敗から何を掴むか。だから、空振りは思い切り振る！
☆方向を見失ったり行き詰まった時に、立ち返る原点を持つ！
自分のやっている事を信じ込んで、全く疑わない姿がここにあります。

人は、そういう人をプロフェッショナルと呼ぶのだと思います。

真のプロ魂は、人を強烈に惹きつける魅力があります。

人は、技術だけで感動するのではありません。

人は、技術の向こう側にある何かに心震わすのです。

技術の向こう側にあるブレない確信や情熱に触れて、心が振動するのです。

私たちも、目先の結果に一喜一憂する事なく、プロ魂を持って、一日一日の仕事に向かいたいものです。

結局最後は自分との戦い

距離と時間の間には、神が宿ります。

今、何かに突き動かされるように、あたかも心が迸《ほとばし》るかの如くに、距離と時間を超えてあなたがしている行動は、あなたがあなたを証明するために通らなくてはならない試練と解釈する事です。

人生は、勝負です。

勝負するその時に、心しておく事。

それは……

迷わず征く！

吹っ切れて征く！

いちいち動じない！

自分のテンション最優先でいく！

その場がどれだけ後ろ向きで、ネガティブな場であったとしても、自分のテンションを絶対に下げない！

時として孤高の道を、月に嘯《うそぶ》きながら独り飄々《ひょうひょう》と行く胆力を持つ！

決して媚《こ》びない！

決して、卑屈な態度を取らない！

自分をディスカウントしない！

安易に味方を心待ちにした時、大切な何かを失う事を肝に銘じる！

軽々しく求めない！

覚悟して征く！

テンションを上げる！

とにかくテンションを上げる！

テンションが生命線である事を、肝に銘じる！

冷めたら終わり！

冷めたら、失格！

結局、持続する情熱とコツコツ積み上げていく努力以外に、物事を成し遂げる術はないのだと知る！

昨日の自分を越えていきましょう。

一日に一回、勝負の時を持ちましょう。

人との勝ち負けではなく、自分との真剣勝負です。

敵は、自分自身の怠惰な心です。

敵は我にあり。

最後は、結局自分との戦いです。

「己に打ち勝てば、天下はその徳に従う」

二宮尊徳の言葉です。

敵も味方も、自分自身の内面にいます。

結果ではなく、まずやると決めた事をやりきったかどうか。

全てはその集積にある事を忘れてはなりません。

自分を敵に回すか、それとも味方に付けるか。

その鍵は、まず弱い自分の心と向き合い、そしてそこを越えていこうとする事です。

それは後ろを向こうとする気持ちを無視して、やるべき事をどんどんやりきる行動を優先させる事です。

弱い気持ちを、行動先行で従えていく。

いついかなる時も、脳は行動に付いて行く事を忘れてはいけません。

敗北の本当の理由は気持ちが後ろを向いた事

真のリーダーがいないチームは、本番では勝てません。

真のリーダーとは、戦略・戦術に秀でる事は勿論ですが、それ以上に、人心を鼓舞する事が出来る人です。

歴史を辿れば、かのナポレオンが、遠く東方遠征に大軍を率いて挑《のぞ》んだ時の逸話を思い起こします。

エジプトの砂漠で、ピラミッドを前にして、彼の大軍の殆どが喉の渇きと疲労で、もはや戦うどころではない状態に陥った時の事でした。

このままでは、敵と戦う前に自滅しかねない危機的状況です。

その時この不世出の天才は、灼熱《しゃくねつ》の太陽から降り注ぐ熱波をピラミッドを背にして受けながら、何万もの兵士一人一人の魂にこう語りかけたのです。

「3000年の歴史が、諸君を見ているぞ!」

ナポレオンは策ではなく、兵士一人一人の心に語りかけたのでした。

戦わずして、ここで犬死にしていいのか。

我々は、悠久の歴史に名を残す戦いをしているのではなかったのか。

ナポレオンのこの一言に込めた気迫が、とてつもないエネルギーとなり、何万という大軍の兵士一人一人の心に火を付けたのです。

時代がどれだけ変わろうとも、全ては気持ちから始まる事を忘れてはいけません。

敗北の本当の理由は、気持ちが後ろを向いた事にあるからです。

あらゆる戦略・戦術を超えて、人を蘇生させる力があります。

その力とは一体何か。

それは人心を鼓舞する力です。

ここ一番の勝負の時は、一人の魂の奥底からの叫びこそが、状況を超えて人の心に火を付ける事をナポレオンは教えてくれたのです。

躊躇（ちゅうちょ）

―迷えるチーター―

その若いチーターは悩んでいた。

俺はなんでこんなにビビってるんだろう。

親から離れても、獲物くらい自分の力で朝飯前で獲れると思っていた。

だって、親はあんなに簡単に獲物を獲っていたし……

でも、ただ見てるのと、自分でやるのとでは大違いだった。

最近は腹が減っているせいか、やっている事が中途半端だ。

さっきもうまそうな鹿を見つけて追いかけてはみたものの、本当は最初から諦めていたんだ。

でも、同期のチーターが見てる手前、「俺だってやる時はやる！」というポーズくらいは、俺のささやかなプライドとして見せておきたかった。

そういえば、この前も、先輩チータに怒られたっけ。

うまそうなヌーの群れが50メートルくらい先にいて、それを見つけた時の俺は、そのあまりのご馳走に天まで昇るような気持ちになったけど……

何とかヌーに気付かれないように、射程距離までは近づけた。

でも、俺は10秒しか全力疾走出来ないから、集中していかないといけない。

そう思った瞬間、何か急に緊張してきちゃって。

もし失敗して、みんなに笑われたらどうしよう、とか思ったとたんにカタマっちゃって。

ふと横を見たら、先輩が平常心でヌーを見ていて……

それから、その先輩が俺に声かけてくれて。

「お前、スゴい汗かいてるけど大丈夫か？」

「ハ、ハイ、何とか。あの～、先輩、一つ聞いてもいいですか？」

「何？」

俺は正直に聞いた。

「あの、こういう場合って、俺って、あのヌーの群れに、思いきって行った方がいいんですよね？　って言うか、俺、自信がなくて……」

〝不安と恐れは、宇宙を敵にまわす！〟

信じて頑張る！

本物になりたければ、本当の事を受け止める勇気が必要です。

人生には、本物と本当の事があります。

その一例として、今、子供の学力や偏差値は親の経済力が決定するという、恐ろしい現実があります。

例えば、東大生の親の平均年収は、軽く1000万円を越えると言われています。

つまり、貧困家庭に育った子供は、東大には入れない確率が高いという訳です。

こうした現象は、何か変ですし、とても本物の発想とは呼べません。

しかし、こうした現象は本物ではありませんが、本当の事のなのです。

そうした観点から言えば、人生に立ち向かう時の心構えは、何を含んだ上での出発点とするのがよいのでしょうか？

ドラスティックな言い方をすれば、ただやみくもに頑張ってもそれだけでは報われない、という事になります。

人生は、ただ頑張っても、それだけでは報われないのです。

的を絞って、何にどう頑張るのかを、ハッキリさせる事が大切です。

それでも結果が出ない時は、どうすればよいのでしょう?

その時は……

信じて頑張るのです。

信じて頑張った努力は、必ず報われるからです。

そう信じて出発する事が、その人の能力の原点となります。

繰り返します。

信じて頑張った努力は、必ず報われます。

力の源は、ここにしかありません。

自分が一度信じた事を、その事をよく分かっていない人にとやかく言われて、心を折ってはなりません。

ましてや、そういう人に相談するなど論外の生き方です。

信じて頑張る事を甘く見て、一体何を命の基盤とするのでしょう。

考えたって分からない！

迷いの根源にあるものとは、一体何でしょう。

それは、恐怖です。

人生に迫る鍵は、「考えたって分からない！」という、簡単な真実を理解する事にあります。

考えたって分からない事を、考えるからこんがらがって来るのです。

勝負の時は、あれこれ頭をこねくり回すのではなく、腹を決める事が先決です。

〝迷いが一番いけない。一球に集中する事だけ考えた。追い込まれた時、自分と向き合って、逃げずに活路を見出ださないと先はない！〟

伊達公子の言葉です。

いついかなる時も、脳は行動に付いて行く事を忘れてはいけません。

その時何を感じどう動いたか！

時は、容赦なく生き方の変更を迫ります。

「生々流転《しょうじょうるてん》」という言葉があります。

万物が永遠に生死の間を巡り、絶えず変化し移り変わってゆく様を意味します。

これを英訳すると以下のようになります。

Allthings are constantly changing！

全てのものは、絶え間なく移り変わるという意味です。

変転極まりない事象と、絶えず揺れる人の心。

そのなかで、如何に生き方の軸を持つ事が重要な事かを感じます。

順風満帆で進める時があるかと思えば、思わぬトラブルに見舞われて立ち往生する時もあるのが人生です。

諸行は無常か常住か。

変転極まりない世の中の変化、即ち一時《いっとき》として「常」に留まろうとしないエネルギーと、不易《ふえき》なものとしていつまでも変わらないで、今という「常」に留まろうとするエネルギーが、いつも交錯しているのが人生です。

変わるものと変わらないもの。

変えなくてはいけないものと、変えてはならないもの。

自分と向き合うとは、今の自分の何を変えて、何を変えないのかをしっかりと見つめる事です。

真に変化するためには、この二つの側面を理解しなくてはなりません。

ただ闇雲に突き進む事だけが、変わる事ではないからです。

時には一人心静かに、今いる人生のポジショニングを確認しながら、自分が何故この世に存在しているのか、何のために生まれてきたのか、生きるとは自分にとってどういう事なのかを思索してみましょう。

あなたの人生は、いつもあなたの人生観に立脚して展開されていきます。

目には見えない考え方が、あなたの人生を形創っていくからです。

目には見えない、しかし確実にあなたを貫く思いの力が、行動するその時の方向性を決定していくのです。

その時何を感じ、どう動いたか！

突き詰めれば、人生はこの集積でしかありません。

「生々流転」という真理を前向きな諦観に変えて、変わらない自分であるために、変えなくてはならない事を変えていきましょう。


前向きな諦観とは何か。


それは囚われないという事です。

自らに起こってきた事は、良い事も悪い事も、潔く受け入れて、あとはそこに余韻を残さず前を向く。

生き方の軸は、その姿勢に宿る事を忘れてはなりません。

やって駄目ならもっとやる

大切なものは、他人を動かす力ではなく、自分を動かしていく力です。
チャンスはいつも、ピンチの顔をしてやってきます。
チャンスに心底頑張りきれば、ピンチは来ません。
チャンスとピンチ。
両者の本質は、とらえ方ひとつで、自分を燃やしていく力になる事です。
ですから、全てをエネルギーに変えましょう。
全てを力に変えましょう。
どうせやるなら徹底的にやりましょう。
毒を喰らわば皿までもの精神で、徹底的にやりきるのです。
歩きだしたら、絶対に引いてはいけません。

人に出来た事が自分に出来ない訳はないと、自分自身に言い聞かせて前進しましょう。
本当に思った事だけが実現するのです。
最後は精神力を信じる者だけが、大きな仕事を成し遂げるのです。
昨日までの事は、昨日までの事。
今日という一日を新たな出発の日として、吹っ切れていきましょう。
毎日が勝負です。
勝負で迷うは命取りです。
正々堂々とやるべき事に対しては躊躇《ちゅうちょ》せず、真っ向から渡り合いましょう。
どのみちあと五十年もすれば、みな老いぼれです。
命もお金も使うもの。
その命とお金を浪費するのか。
消費するのか。
それとも、自分の未来のために投資するのか。
弱気は最大の敵です。
気持ちが後ろを向けば、連戦連敗の洗礼が待っています。
迷ったら強気!
やって駄目なら、もっとやりましょう。

人生は負けないように出来ている！

「人生は、負けないように出来ている」

この法則を証明したひとりの人物の、偉大なストーリーを紹介します。

彼はコービンというアメリカ南部の小さな町で、細々と小さなガソリンスタンドを営んでいました。

彼はそれまで様々な種類の仕事を転々としながら、三十代後半でコービンにガソリンスタンドをオープンしたのです。

しかし、そのガソリンスタンドの経営は順調にはいきませんでした。

近隣の人たちに掛け売りしていたガソリン代金が回収出来ずに経営が行き詰まり、ついに倒産の憂き目にあってしまいます。

しかし、彼はそこで諦めません。

その後、彼は今までガソリンスタンドを利用してくれた人々を相手に、小さなレストランを始めます。

レストラン経営が順調に進んでいると思われた矢先、悲しい出来事が起こります。

共に働く最愛の息子が、不慮の死を迎えてしまうのです。

実の息子を失った彼の落胆は、思うにも忍びなかったであろう事は、想像に難くありません。

更に試練は、これでもかとばかりに彼に襲い掛かります。

レストランが火事に見舞われてしまうのです。

しかし、彼はそれでも諦めません。

彼は、自身に迫り来る様々な障害を試練と捉えたからです。

試練は、乗り越える為にある。

彼はそう受け止めました。

そう受け止めた彼は、試練の中にゴールを設定します。

その第一歩は、発想とやり方を変える事でした。

ゴール（目的）を達成するために、考え方と手段を変えたのです。

ただひたすらゴールを目指す彼にうっすらと見えたものは、〝兆《きざ》し〟でした。

彼は、行き詰まったレストラン経営を立て直そうと試行錯誤の末に、ある料理の独自のスパイスと調理法を作り上げて、レストラン経営を建て直します。

しかし運命は彼をゴールに導く為に、更なる試練を与えます。

コービンから西へ僅かな所に、突然ハイウェイが建設されたのです。

それによって、車の流れが激変しました。

それは、彼のレストランに立ち寄る客が激減する事を意味しました。

その結果、客足が遠退いて売り上げは激減し、遂に彼はレストランを手放す事を余儀なくされます。

レストランを失い、税金と未払金を支払った〝六十五歳〟の老人の手元に残ったものは、一台のオンボロ車と自ら編み出した、ある料理の調理法だけでした。

この老人こそが、ケンタッキーフライドチキンの創始者、カーネルサンダースその人でした。

その後、彼はフライドチキンのオリジナルレシピを教える代価として、売れたチキン一羽につき5セントを受け取るというビジネスを思いつきます。

それはその当時としては、画期的なビジネス発想でした。

それこそが、今日では当たり前のビジネスモデルとなっているフランチャイズビジネスの原型でした。

オンボロ中古車に寝泊まりしながら、彼はひたすら全米各地を巡り続けます。

しかし、フランチャイズビジネスの考え方が確立していない時代、彼は何度も何度もその申し出を拒否されます。

「ＮＯ」の洗礼を受け続ける事になるのです。

しかし、彼には不屈の精神力がありました。

彼には見えていたのです。

闇の中にこそ光がある事を。

挑戦を繰り返すなかで、彼が遂に「ＹＥＳ」の返事を貰ったのは、何と〝１００６回目〟の交渉でした。

たび重なる障害を乗り越え、六十五歳にして今再びの挑戦の旅に出たカーネルサンダース。

幾多の災いや悲しみや失敗をバネにして、転ぶ度に何度も何度も立ち上がったカーネルサンダース。

不屈の精神力を持つ彼の人生は、負けないように出来ていました。

彼はその生き様を通して私たちに、人生の秘訣を見せてくれたのです。

人生の秘訣は、実にシンプル。

それは、成功するまで諦めない事。

何故ならば、人生は負けないように出来ているのだから。

死ぬ事以外は

大切なものは、他人を動かしていく力ではなく、自分を動かしていく力です。

この観点を忘れなければ、状況は必ず打開出来ます。

状況を打開する鍵は、とにかく真剣に、今、目の前にある課題をやりきるという事に尽きます。

どうしたら出来るのかとか、何をすればよいのかとかを誰かに聞く前に、本当はその状況をどうしたいのかを、今一度自分自身に真剣に問いかけてみる事が先決です。

そのうえで、まず自分の心にスイッチが入っているかどうかを確認しましょう。

ここが一番重要なところです。

あなたの五体に、電気が走っているかどうかという事です。

状況が厳しければ厳しいほど、「よし、やってやろうじゃないか！」と、燃えてくる自分がそこにいるかどうかが大前提なのです。

要するに、状況なんて全然関係ありません。

全部、自分です。

全部、自分自身の問題なのです。

例えば、夏が好きな人にとって、冬は厳しい季節に映ります。

しかし、冬が好きな人には、その冬という状況それ自体が、楽しくて楽しくてたまらない季節に映ります。

要するに、状況なんてその程度のものです。

とらえ方ひとつなのです。

いかなる状況においても、自分一人だけが苦しいなどと、絶対に思ってはいけません。

伸びる時は、皆が苦しいからです。

状況とは例えてみれば、一年の中にある四季と同じようなものです。

愚か者の常は、夏になったら暑いと夏を嘆き、秋になったら運動会で忙しいと秋を嘆き、冬になったら寒いと冬を嘆き、春になったら花粉が辛いと春を嘆きます。

嘆いても仕方のない、言わば季節のような状況に、文句ばかり言っているのです。

嘆きや文句は、あなたをパニックへと近づけます。

故に状況は嘆くものではなく、立ち向かっていくものなのだと、とらえ直す事が大切です。

絶対的な真実は、何があったとしてもその状況を乗り越えない限り、次の自分は存在しないという事です。

今こそ全身全霊を傾けて、その状況を打開するために必要な事は全てやりきると、気持ちを新たにしましょう。

今、分かっているだけの知識でいいから、自分自身で全部考えて全部やってみる事です。

人生はやってみない限り、何も分かりません。

何も分からないからこそ、何も分からないままで構わないから、全部の作戦が必要なのです。

その上であなたが頑張る土俵こそが、今のその状況なのです。

状況が厳しければ厳しいほど、燃える心を持ちましょう。

15年以上前に、妻のある命懸けの手術に立ち合った時の事です。

執刀医が麻酔で眠る妻の体にメスを入れたその瞬間、妻の体から溢れんばかりに吹き出す血液を見て、思わず我が身を貫いた言葉がありました。

死ぬ事以外はかすり傷。

そうなのです。

死ぬ事以外はかすり傷なのです。

ですから、その状況を逃げてはいけません。

逃げてもまたどこかで、その状況が手を振って、あなたを待ち構えているからです。

人生の本質が〝意味〟にあるあるとすれば、あなたが遭遇しているその状況そのものが、
あなたにとっての〝意味〟なのです。

ですから、逃げてはいけません。

逃げたら損なのです。

その状況に挑戦する事で、本当のあなたに近づけるからです。

さあ、勇気を持って、立ち向かっていきましょう。

心にスイッチを入れて、立ち向かっていって下さい。

大丈夫、心に電気が流れていれば、奇跡が起こりますから。

腹を決めれば進むべき道が見えてくる

〝ぼくの前に道はない／ぼくの後に道は出来る〟
高村光太郎の詩の一節です。
自分の可能性を探る旅が、人生です。
それは、自分にとってはいつも未踏未開の旅です。
旅ですから、晴れの日も雨の日も曇りの日も、嵐の日もあります。
雨の日には、雨の中を。
風の日には、風の中を。
晴れの日に油断せず。
嵐の日に動じず。
そんな毅然とした人生の進み方を決意した、高村光太郎の思いが伝わってきます。

結局人生は、どこでどう腹を決めるかだけです。

起死回生を図るターニングポイントは、この一点にしか集約されないからです。

腹を決めれば、進むべき道が拓けてきます。

腹を決めると、進むべき道がはっきり見えてきます。

道が見えれば、人は見違えるようなパワーを発揮出来ます。

ですから、進むべき道が見えていれば、それでよいのです。

進むべき道が見えていれば、迷う事はありません。

迷いを「無明《むみょう》」と言います。

「無明」とは何か？

例えば、闇について多くの人は「闇は存在する」と漠然と考えています。

しかし、闇は光が当たると、その瞬間に消えて無くなります。

それは、闇がどこか別のところに移動した訳ではありません。

少しややこしい話になりますが、それはつまり、光が当たったらたちまち消滅するような存在である闇は、はじめから存在していなかったと考える事も出来るという事です。

それは即ち、闇とは「光の欠如」という事であり、闇と呼ばれる「何か」が客観的に存在する訳ではありません。

それは、精神的な苦しみにも同じように言えます。

進むべき道をはっきりと見据えて、腹を決めた人だけが持つ英知の光によって、精神的な苦しみはたちどころに、その姿を消してしまうという事です。

即ち、苦しみとは「決断の欠如」だったのです。

苦しみの多くは、迷いから出発しています。

そして、その苦しみは実体を伴って存在している訳ではありません。

そうした実体のない苦しみを、有ると考える事が「無明」なのです。

「無明」を瞬間に消滅させる光は、あなたが腹を決めた時に現れます。

無いものに怯えて、歩むべき道を自ら退いてはいけません。

あなたが潔く腹を決めて、進むべき道を歩き始めた時、あなたの心の奥深くに潜む、あなたの知らない英知の力が、あなたの無明を晴らして、あなたを目標に近づけるのです。

勝敗は取り組む前についている

漠然と立ち向かえば、必ず恐怖心というしっぺ返しが来ます。

気力を充溢《じゅういつ》させて、絶対になにがなんでもやり遂げて見せるという、強い気迫を持ちましょう。

真のプロフェッショナルは、徐々にエンジンをかけていくというような戦い方はしません。

始めから100%集中して、野球で言えば、打席に立つや第一球から好球を狙いにいくのです。

始めから100%の集中力を意識する。

始めから自分の中で、爛々と光る心の眼を持って、気力をたぎらせて立ち向かう。

勝敗は取り組む前についています。

だからこそ、取り組む前に、どれだけ気持ちが創れていたかが問われるのです。

恐怖心が湧いてきたら、それは気持ちが分散されている証拠です。

漠然と思い、漠然と動けば、そこに強い思いは存在していません。

強い思いという心の守護神が留守だと見るや、恐怖心は、ここぞとばかりに襲いかかってきます。

月々日々に、強き心を築き上げていきましょう。

少しでも弛《たゆ》む心があれば、恐怖心というならず者が襲いかかってくるのです。

真の実力というものは、出来る事の繰り返しの中で養われる事など決してありません。

実力は、強敵を倒した時につくのです。

強い思いで、真っ向から強敵に体当たりしていきましょう。

気後れする事なく、強敵に全力でぶつかる中に強き心が生まれ、育ち、実力がついてくるのです。

小泉幸仁（こいずみ・ゆきひと）

東京生まれ、神戸市在住。作家。

著書に、『1日1分生きる力－折れない気持ちのつくり方－』（同友館）『一日一分セオリーK－Vol. 1～Vol. 8－』（2013年4月よりKindle版電子書籍をAmazonよりリリースし、カテゴリー別で次々とランキング1位・ベストセラーを獲得した）「日めくり挑戦」「日めくりBelieve in」「日めくり凛」「日めくりBreakthrough」「コミットメント・ダイアリー」などがある。
また、メールマガジン「セオリー」は、現在約2万人の読者を持つ。

2013年9月20日　初版第一刷発行

一点突破の方程式

©著　者　小　泉　幸　仁

発行者　岩　村　信　寿

発行所　リンケージ・パブリッシング　〒140-0004 東京都品川区南品川6-11-3
TEL 03(3471)7412　FAX 03(6745)1553

発売所　株式会社 星雲社　〒112-0012 東京都文京区大塚3-21-10
TEL 03(3947)1021　FAX 03(3947)1617

乱丁・落丁はお取り替えいたします　●印刷・製本　萩原印刷
ISBN 978-4-434-18348-5　Printed in Japan